期貨交易中止損止盈設置和
最優交易週期的確定

羅威、尹麗 著

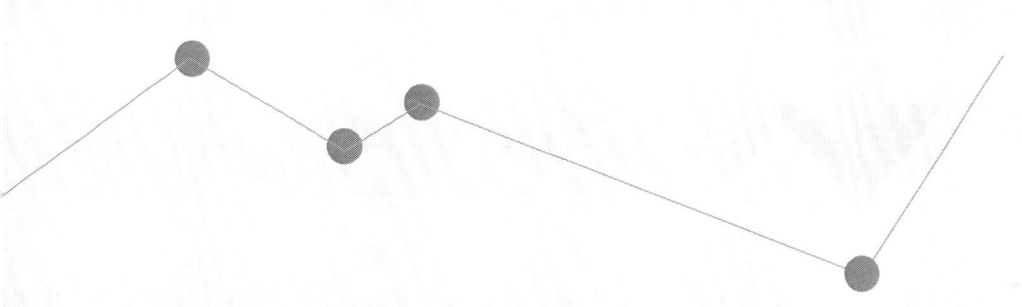

崧燁文化

序

期貨市場是一個非常殘酷的市場，市場存活率非常低，其根本原因是期貨市場是槓桿交易，手續費和滑點偏大。但很多初進者並不重視這些事實，而且在構建自己的交易系統時對選擇什麼樣的交易週期和如何設置止損止盈這三個專業問題頭痛不已。筆者作為一個期貨交易實踐者也同樣被上述問題不斷困擾，但經過長期的思考、測試和實戰，筆者對上述問題形成了自己獨特的認識。本書的撰寫目的就是從筆者自身角度來回答這些問題，可能不同的交易者有不同的看法和解決之道，本書的觀點和解決方案並非真理和唯一性，這一點請讀者注意。

本書的內容分為四章。第一章介紹期貨市場本質及期貨交易系統。這一章先介紹了筆者對期貨市場本質的認識，這是筆者的期貨交易哲學觀的基礎。接下來對期貨交易系統進行了介紹。撰寫本章的目的是向讀者展示筆者處理后續專業問題的期貨認識取向和方法工具。第二章介紹如何科學止損。第三章介紹如何科學止盈。第四章介紹最優交易週期的選擇。后三章每章解決期貨交易中的一個實際問題。

本書是我和同事尹麗副教授共同寫作完成的，本書的出版得到西南財經大學出版社的大力支持，這裡一併對出版社和負責該書編輯的同志表示衷心的感謝。

羅威　尹麗

目　錄

第一章　期貨市場的本質及期貨交易系統 / 1
　　第一節　期貨市場的本質 / 1
　　第二節　期貨交易系統 / 25

第二章　科學止損 / 36
　　第一節　止損概述 / 36
　　第二節　如何科學止損 / 39
　　第三節　科學止損案例 / 41

第三章　科學止盈 / 69
　　第一節　止盈概述 / 69
　　第二節　如何科學止盈 / 70
　　第三節　科學止盈案例 / 71

第四章　最優交易週期的選擇 / 113
　　第一節　交易週期概述 / 113
　　第二節　高頻交易 / 115
　　第三節　最優週期選擇 / 120
　　第四節　最優週期優化案例 / 126

參考文獻 / 185

第一章　期貨市場的本質及期貨交易系統

第一節　期貨市場的本質

　　我們對期貨市場本質的分析是對期貨交易中的重要因素進行深層次的分析。期貨市場的本質是交易者的交易哲學觀和世界觀，是交易者對自己長期交易活動的觀察和總結，對交易者的交易行為起基礎指導性作用。對期貨市場本質的研究主要涉及對總體期貨市場、期貨價格和交易者的認知能力三方面的認識。下面就從這三個方面對期貨交易市場的本質進行分析。

一、關於期貨市場本質的總體分析

　　（一）期貨市場是一個絕大多數人虧錢、極少數人賺錢的市場，也就是說期貨市場具有賺錢的困難性，而且不是一般的困難，事實是很困難

　　期貨市場最開始是服務於農產品的套期保值需求的，但是套期保值的人數和交易量在期貨交易中占比極低，幾乎達到可以忽略不計的地步。相應的期貨的投機交易成了期貨交易市場的主體，長期的統計數據表明期貨市場的虧損面高達90%，期

貨交易市場成了名副其實的交易者絞肉機。下面首先給大家證明一下，為什麼會如此。

1. 交易手續費是總體虧損的重要原因

期貨手續費相當於股票中的佣金。對股票來說，炒股的費用包括印花稅、佣金、過戶費及其他費用。相對來說，從事期貨交易的費用就只有手續費。期貨手續費是指期貨交易者買賣期貨成交後按成交合約總價值的一定比例所支付的費用。這部分費用一部分是交易所收取，叫作交易所手續費，一部分是期貨公司收取，叫作期貨公司手續費。不同期貨公司手續費標準不一，一般是在交易所手續費上加收0.1~2倍的手續費。期貨市場是一個資金不斷流進流出的一個市場，資金的流入項包括新老期民的新增投入期市的資金；資金的流出項包括期貨手續費。按每兩天換手1次計算，全年換手100次，每次換手的交易費用為保證金的2‰，一年平均資金損失近20%，這就是為什麼期市是一個負和博弈的根本原因。這也是期貨市場風險大於期票市場的原因。這就好比投資者去茶館打麻將，不同的人進進出出非常熱鬧，茶館的生意有時因為人多而興隆，有時因為人少而冷清，但總的來說，一年下來，去茶館打麻將的所有人總體上是輸錢了，因為他們每次打牌都要交茶錢。表1-1是交易不同品種期貨的交易手續費總表。

股票按照印花稅單邊千分之一收，證券公司佣金及其他費用雙邊萬分之六計算，買賣一次股票的費用為1.6‰。對比表1-1期貨的平均手續費占保證金率為1.73‰，單次的交易成本略高於股票。從具體品種來看，手續費率最低的為國債期貨，較低的品種為股指期貨；而手續費率較高的品種是雞蛋3.75‰、PTA 3.98‰。

表 1-1　期貨品種的手續費匯總表

交易品種	交易代碼	交易單位	交易手續費	價格（元）	合約價值（元）	保證金率（%）	保證金（元）	交易所手續費（元）	總手續費（元）	手續費/保證金（%）
銅	CU	5噸/手	0.5/萬	38,600	193,000	12	23,160	9.65	28.95	0.125
鋁	AL	5噸/手	3元/手	11,680	58,400	7	4,088	3.00	9.00	0.220
鋅	ZN	5噸/手	3元/手	13,900	69,500	10	6,950	3.00	9.00	0.129
鎳	NI	1噸/手	6元/手	77,100	77,100	13	10,023	6.00	18.00	0.180
錫	SN	1噸/手	3元/手	97,100	97,100	13	12,623	3.00	9.00	0.071
天然橡膠	RU	10噸/手	0.45/萬	11,280	112,800	13	14,664	5.08	15.23	0.104
黃金	AU	1,000克/手	10元/手	231	231,000	10	23,100	10.00	30.00	0.130
白銀	AG	15千克/手	0.5/萬	3,292	49,380	15	7,407	2.47	7.41	0.100
燃料油	FU	50噸/手	0.2/萬	2,333	116,650	25	29,162.5	2.33	7.00	0.024
線材	WR	10噸/手	0.4/萬	2,163	21,630	25	5,407.5	0.87	2.60	0.048
螺紋鋼	RB	10噸/手	0.45/萬	1,821	18,210	10	1,821	0.82	2.46	0.135
瀝青	BU	10噸/手	0.3/萬	2,344	23,440	24	5,625.6	0.70	2.11	0.038
鉛	PB	25噸/手	0.4/萬	13,585	339,625	9	30,566.25	13.59	40.76	0.133

第一章　期貨市場的本質及期貨交易系統

表1-1（續1）

交易品種	交易代碼	交易單位	交易手續費	價格（元）	合約價值（元）	保證金率（%）	保證金（元）	交易所手續費（元）	總手續費（元）	手續費/保證金（%）
熱軋卷板	HC	10噸/手	0.4/萬	1,853	18,530	11	2,038.3	0.74	2.22	0.109
黃大豆1號	A	10噸/手	2元/手	4,047	40,470	8	3,237.6	2.00	6.00	0.185
黃大豆2號	B	10噸/手	2元/手	3,107	31,070	15	4,660.5	2.00	6.00	0.129
豆油	Y	10噸/手	2.5元/手	5,406	54,060	8	4,324.8	2.50	7.50	0.173
豆粕	M	10噸/手	2元/手	2,670	26,700	8	2,136	2.00	6.00	0.281
棕櫚油	P	10噸/手	2.5元/手	4,480	44,800	8	3,584	2.50	7.50	0.209
玉米	C	10噸/手	1.2元/手	1,799	17,990	8	1,439.2	1.20	3.60	0.250
聚乙烯	L	5噸/手	2.5元/手	8,300	41,500	10	4,150	2.50	7.50	0.181
聚氯乙烯	PVC	5噸/手	2元/手	4,895	24,475	10	2,447.5	2.00	6.00	0.245
冶金焦炭	J	100噸/手	0.8/萬	759.5	75,950	10	7,595	6.08	18.23	0.240
焦煤	JM	60噸/手	1/萬	571.5	34,290	10	3,429	3.43	10.29	0.300
鐵礦石	I	100噸/手	0.8/萬	366	36,600	9	3,294	2.93	8.78	0.267
雞蛋	JD	5噸/手	1.5/萬	3,749	18,745	12	2,249.4	2.81	8.44	0.375

表1-1（續2）

交易品種	交易代碼	交易單位	交易手續費	價格（元）	合約價值（元）	保證金率(%)	保證金（元）	交易所手續費（元）	總手續費（元）	手續費/保證金（%）
纖維板	FB	500張/手	1/萬	59.6	29,800	24	7,152	2.98	8.94	0.125
膠板	BB	500張/手	1/萬	92	46,000	23	10.580	4.60	13.80	0.130
聚丙烯	PP	5噸/手	2.5元/手	7,088	35,440	10	3,544	2.50	7.50	0.212
普麥	PM	50噸/手	5元/手	2,383	119,150	23	27,404.5	5.00	15.00	0.055
強麥	WH	20噸/手	2.5元/手	2,748	54,960	8	4,396.8	2.50	7.50	0.171
早秈稻	RI	20噸/手	2.5元/手	2,465	49,300	8	3,944	2.50	7.50	0.190
棉花	CF	5噸/手	4.3元/手	12,270	61,350	9	5,521.5	4.30	12.90	0.234
白糖	SR	10噸/手	3元/手	5,629	56,290	10	5,629	3.00	9.00	0.160
油菜籽	RS	10噸/手	2元/手	4,130	41,300	23	9,499	2.00	6.00	0.063
菜粕	RM	10噸/手	1.5元/手	1,985	19,850	9	1,786.5	1.50	4.50	0.252
鄭油	OI	10噸/手	2.5元/手	5,616	56,160	8	4,492.8	2.50	7.50	0.167
PTA	TA	5噸/手	3元/手	4,526	22,630	10	2,263	3.00	9.00	0.398
甲醇	ME	50噸/手	7元/手	1,916	95,800	9	8,622	7.00	21.00	0.244

第一章 期貨市場的本質及期貨交易系統 | 5

表1-1（續3）

交易品種	交易代碼	交易單位	交易手續費	價格（元）	合約價值（元）	保證金率（%）	保證金（元）	交易所手續費（元）	總手續費（元）	手續費/保證金（%）
動力煤	TC	200噸/手	8元/手	365.2	73,040	9	6,573.6	8.00	24.00	0.365
粳稻	JR	20噸/手	3元/手	3,101	62,020	16	9,923.2	3.00	9.00	0.091
玻璃	FG	20噸/手	3元/手	815	16,300	9	1,467	3.00	9.00	0.613
滬深300	IF	300元/點	0.25/萬	3,121.4	936,420	12	112,370.4	23.41	70.23	0.063
上證50	IH	300元/點	0.25/萬	2,112.6	633,780	12	76,053.6	15.84	47.53	0.063
中證500	IC	200元/點	0.25/萬	5,917.8	1,183,560	12	142,027.2	29.59	88.77	0.063
5年國債	TF	20元/點	3元/手	99.215	992,150	2.5	24,803.75	3.00	9.00	0.036
10年國債	T	20元/點	3元/手	97.315	973,150	2.5	24,328.75	3.00	9.00	0.037
平均值									14.39	0.173

註：1. 本表不含沒有成交量或者成交量極少的晚稻，硅鐵和錳硅。
2. 價格的採樣時間為2015年9月30日主力合約的收盤價；總手續費為交易所手續費的3倍（開平就是2倍交易所所手續費，期貨公司按照交易所的0.5倍收取）。
3. 不同的公司保證金率標準不一樣。

期貨交易的名義手續費都比較低，好像大大低於股票，其實不然，要知道期貨交易是保證金交易，簡單按 10 倍槓桿計算，由表 1-1 可知，期貨品種的平均手續費為交易保證金的 1.73‰，假定交易者的平均交易倉位為三成倉位，相對於總資金，每交易一次的手續費為總資金的 0.52‰。期貨交易由於有交割日和槓桿，期貨交易的頻率比對應的股票交易頻率要高，如果我們將每日交易 50 次左右定義為高頻、10 次為快頻、3 次為短線、1 次為比較基準、0.2 次為中線、0.05 次為長線的話，每年按照 220 個交易日計算，以及每次交易三成倉位、0.52‰ 總資金交易手續費率計算，每年交易手續費對於各種交易頻次對總資金侵蝕比率見表 1-2。

表 1-2　各種交易頻次手續費對總資金侵蝕比率表

	高頻	快頻	短線	基準	中線	長線
年交易次數	11,000	2,200	660	220	44	11
交易手續費占總資金的比例	572%	114%	34%	11%	2.3%	0.6%

從表 1-2 可知，名義為萬分之零點幾的交易手續費一年的時間週期對總資金的侵蝕程度是多麼巨大，就算是每天一次的交易，每次三成的交易頻率，一年下來幾乎要付出 11% 的本金作為交易費用。從表 1-2 可以看出短線以上的交易頻率也就是日交易 1 次以上是很難盈利的。

2. 交易滑點是使用對手價成交的交易者虧損的隱形原因

交易滑點是衝擊成本的通俗叫法，目前由於期貨交易軟件的快捷性和擔心如果掛單報價遇到快速行情沒有成交的嚴重後果，一般的交易者很喜歡以對手價報價，甚至是超價或者追價報單，正是這一交易習慣使交易者付出了比交易手續費更多的隱形費用。這一隱形成本在交易虧損的時候加大虧損，在交易

盈利時減少盈利，所以對交易成績是不折不扣的負面因素。以交易者非常喜歡的活躍品種橡膠為例，橡膠最小價格跳動單位為5元，1手10噸，開平倉均使用對手價，在交易量不大不影響價格的情況下，滑點費用1手100元，2015年9月30日主力合約1,601收盤11,280，按照13%的保證金計算，買賣1手橡膠需要付出的保證金為11,280×10×0.13=14,664（元），滑點占保證金比例為100/14,664=0.682%，而橡膠的交易所手續費率為0.45‰，期貨公司加收交易所的0.5倍，所以開平1手橡膠的手續費為11,280×10×0.000,045×2×1.5=15.2（元）。手續費占保證金比例為15.2/14,664=0.104%，這兩項費用占保證金的比例就為0.786%。表1-3是期貨交易品種的滑點統計表。

從表1-3可以看出，手續費占保證金比例平均為0.173%，滑點占比為1.04%，總的交易費用為1.21%，相對比於股票，股票的手續費率為0.16%，股票的滑點為雙邊大約2‰，股票的總體交易費用為0.36%。平均而言滑點的影響力是手續費的1.04%÷0.173%=6.03（倍），所以交易滑點是造成交易者總體虧損最大的殺手。從單品種看，焦炭、鐵礦石、玻璃、鐵礦石、國債期貨的滑點影響巨大，相對而言股指、錫、黃金的滑點較低。從總費用看排名最低的前五名是普麥0.13%、黃金0.22%、錫0.23%、粳稻0.29%；總費用最高的前五是10年國債2.09%、PVC2.29%、玻璃3.34%、焦煤6.13%、鐵礦石6.34%。

表1-3 期貨滑點統計表

交易品種	價格(元)	合約價值(元)	保證金率(%)	保證金(元)	交易所手續費(元)	總手續費(元)	手續費/保證金(%)	雙邊滑點(元)	手續費+滑點(元)	滑點/保證金(%)	(手續費+滑點)/保證金(%)
銅	38,600	193,000	12	23,160	9.65	28.95	0.125	100	128.95	0.43	0.56
鋁	11,680	58,400	7	4,088	3.00	9.00	0.220	50	59.00	1.22	1.44
鋅	13,900	69,500	10	6,950	3.00	9.00	0.129	50	59.00	0.72	0.85
鎳	77,100	77,100	13	10,023	6.00	18.00	0.180	20	38.00	0.20	0.38
錫	97,100	97,100	13	12,623	3.00	9.00	0.071	20	29.00	0.16	0.23
天然橡膠	11,280	112,800	13	14,664	5.08	15.23	0.104	100	115.23	0.68	0.79
黃金	231	231,000	10	23,100	10.00	30.00	0.130	20	50.00	0.09	0.22
白銀	3,292	49,380	15	7,407	2.47	7.41	0.100	30	37.41	0.41	0.51
燃料油	2,333	116,650	25	29,162.5	2.33	7.00	0.024	100	107.00	0.34	0.37
線材	2,163	21,630	25	5,407.5	0.87	2.60	0.048	20	22.60	0.37	0.42
螺紋鋼	1,821	18,210	10	1,821	0.82	2.46	0.135	20	22.46	1.10	1.23
瀝青	2,344	23,440	24	5,625.6	0.70	2.11	0.038	40	42.11	0.71	0.75
鋁	13,585	339,625	9	30,566.25	13.59	40.76	0.133	250	290.76	0.82	0.95

第一章 期貨市場的本質及期貨交易系統 | 9

表1-3（續1）

交易品種	價格（元）	合約價值（元）	保證金率（%）	保證金（元）	交易所手續費（元）	總手續費（元）	手續費/保證金（%）	雙邊滑點（元）	手續費+滑點（元）	滑點/保證金（%）	（手續費+滑點）/保證金（%）
熱軋卷板	1,853	18,530	11	2,038.3	0.74	2.22	0.109	20	22.22	0.98	1.09
黃大豆1號	4,047	40,470	8	3,237.6	2.00	6.00	0.185	20	26.00	0.62	0.80
黃大豆2號	3,107	31,070	15	4,660.5	2.00	6.00	0.129	20	26.00	0.43	0.56
豆油	5,406	54,060	8	4,324.8	2.50	7.50	0.173	40	47.50	0.92	1.10
豆粕	2,670	26,700	8	2,136	2.00	6.00	0.281	20	26.00	0.94	1.22
棕櫚油	4,480	44,800	8	3,584	2.50	7.50	0.209	40	47.50	1.12	1.33
玉米	1,799	17,990	8	1,439.2	1.20	3.60	0.250	20	23.60	1.39	1.64
聚乙烯	8,300	41,500	10	4,150	2.50	7.50	0.181	50	57.50	1.20	1.39
聚氯乙烯	4,895	24,475	10	2,447.5	2.00	6.00	0.245	50	56.00	2.04	2.29
冶金焦炭	759.5	75,950	10	7,595	6.08	18.23	0.240	120	138.23	1.58	1.82
焦煤	571.5	34,290	10	3,429	3.43	10.29	0.300	200	210.29	5.83	6.13
鐵礦石	366	36,600	9	3,294	2.93	8.78	0.267	200	208.78	6.07	6.34
雞蛋	3,749	18,745	12	2,249.4	2.81	8.44	0.375	5	13.44	0.22	0.60

表1-3（續2）

交易品種	價格（元）	合約價值（元）	保證金率（%）	保證金（元）	交易所手續費（元）	總手續費（元）	手續費/保證金（%）	雙邊滑點（元）	手續費+滑點（元）	滑點/保證金（%）	（手續費+滑點）/保證金（%）
纖維板	59.6	29,800	24	7,152	2.98	8.94	0.125	50	58.94	0.70	0.82
膠板	92	46,000	23	10,580	4.60	13.80	0.130	50	63.80	0.47	0.60
聚丙烯	7,088	35,440	10	3,544	2.50	7.50	0.212	10	17.50	0.28	0.49
普麥	2,383	119,150	23	27,404.5	5.00	15.00	0.055	20	35.00	0.07	0.13
強麥	2,748	54,960	8	4,396.8	2.50	7.50	0.171	20	27.50	0.45	0.63
早秈稻	2,465	49,300	8	3,944	2.50	7.50	0.190	40	47.50	1.01	1.20
棉花	12,270	61,350	9	5,521.5	4.30	12.90	0.234	50	62.90	0.91	1.14
白糖	5,629	56,290	10	5,629	3.00	9.00	0.160	20	29.00	0.36	0.52
油菜籽	4,130	41,300	23	9,499	2.00	6.00	0.063	40	46.00	0.42	0.48
菜粕	1,985	19,850	9	1,786.5	1.50	4.50	0.252	20	24.50	1.12	1.37
鄭油	5,616	56,160	8	4,492.8	2.50	7.50	0.167	40	47.50	0.89	1.06
PTA	4,526	22,630	10	2,263	3.00	9.00	0.398	20	29.00	0.88	1.28
甲醇	1,916	95,800	9	8,622	7.00	21.00	0.244	100	121.00	1.16	1.40

第一章　期貨市場的本質及期貨交易系統 | 11

表1-3（續3）

交易品種	價格（元）	合約價值（元）	保證金率（%）	保證金（元）	交易所手續費（元）	總手續費（元）	手續費/保證金（%）	雙邊滑點（元）	手續費+滑點（元）	滑點/保證金（%）	(手續費+滑點)/保證金（%）
動力煤	365.2	73,040	9	6,573.6	8.00	24.00	0.365	80	104.00	1.22	1.58
粳稻	3,101	62,020	16	9,923.2	3.00	9.00	0.091	20	29.00	0.20	0.29
玻璃	815	16,300	9	1,467	3.00	9.00	0.613	40	49.00	2.73	3.34
滬深300	3,121.4	936,420	12	112,370.4	23.41	70.23	0.063	480	550.23	0.43	0.49
上證50	2,112.6	633,780	12	76,053.6	15.84	47.53	0.063	480	527.53	0.63	0.69
中證500	5,917.8	1,183,560	12	142,027.2	29.59	88.77	0.063	400	488.77	0.28	0.34
5年國債	99.215	992,150	2.5	24,803.75	3.00	9.00	0.036	500	509.00	2.02	2.05
10年國債	97.315	973,150	2.5	24,328.75	3.00	9.00	0.037	500	509.00	2.06	2.09
平均值						14.39	0.173	97.98	112.37	1.04	1.21

註：1. 本表不含沒有成交量的晚稻、矽鐵和錳矽。
2. 價格的採樣時間為2015年9月30日主力合約的收盤價；總手續費為交易所手續費的3倍（開平就是2倍交易所手續費，期貨公司按照交易所的0.5倍收取）。
3. 中證500股指的滑點按雙邊10個最小變動單位計算，滬深300和上證50按8個計算；國債期貨按10個最小變動單位計算；其餘品種按2個最小變動單位計算滑點。
4. 保證金率採用國信期貨公司的規定，不同的公司標準不一樣。

從總交易費用平均一次為1.21%的數據看，結合期貨交易的常用倉位輕倉一成、中性三成、重倉五成的倉位使用情況，交易次數按日、周、月各一次的交易頻率來看，期貨交易手續費和滑點對總資金的侵蝕見表1-4。

表1-4　期貨交易手續費和滑點對總資金的侵蝕表

	五成倉位	三成倉位	一成倉位
220次	-132%	-79.2%	-26.4%
48次	-29%	-17.3%	-5.76%
12次	-7.25%	-4.32%	-1.44%

股票對比數據為總交易費用平均一次為0.36%，結合股票交易的輕倉三成、中性五成、重倉十成，交易次數按照日、周、月各一次的交易頻率來看，股票交易手續費和滑點對總資金的侵蝕見表1-5。

表1-5　股票交易手續費和滑點對總資金的侵蝕表

	十成倉位	五成倉位	三成倉位
220次	-79.2%	-39.6%	-23.76%
48次	-17.26%	-8.64%	-5.18%
12次	-4.32%	-2.16%	-1.3%

當然從總體來看，交易滑點是對沒有耐心者的懲罰和對有耐心交易者的獎賞，總體沒有負面效應，但對於使用對手價成交的交易者來說就是一場噩夢。使用對手價成交的負面作用是如此大。那麼是否可以拋棄這一交易習慣呢？這對於資金量單薄的散戶交易者而言也不是一個好的選擇，因為如果是掛單成交，當遇到突發性的火箭行情，沒有開倉或者及時止損帶來的痛苦就很大了，甚至會爆倉。但客觀分析后你就會知道其實使

第一章　期貨市場的本質及期貨交易系統 | 13

用掛價成交是更為理性的操作，拿使用一成倉位，每日交易一次的交易模式來說，滑點的負面影響是 220×1.04%×0.1 = -22.9%，假定快速行情的比例為 220 次的 10% 合計 22 次，每次多付 3 倍的正常滑點，由於不使用對手價成交滑點擴大造成的損失為 22×1.04%×3×0.1 = -6.86%，遠小於每次都使用對手價成交 22.9% 的虧損。所以更理性的做法是放棄對手價成交的習慣，改為掛價。

3. 止損是個體虧損加大的另外一個原因

止損是很多期貨交易者，特別是老期貨交易者非常強調的一種交易習慣，這種交易習慣對保護交易者避免大的損失具有不可替代的作用；但這種交易習慣也給交易者帶來了很多的無謂損失，因為交易虧損後有相當一部分只要繼續持有就會扭虧為盈。這是因為價格在超過 70% 以上的時間都在震盪，但是虧損到一定幅度就必須止損，就讓帳面上的虧損變為實際的損失，交易者永遠失去了繼續持有會回本甚至賺錢的機會。這樣止損的加入就讓交易者的正確率降低不少，也使他們增加了許多損失。

但如果交易不止損更不行，雖然還是有小概率在你虧損后形成不利於你的大趨勢行情，如果你沒有止損只需要一兩次就可以讓你輸得破產。因此止損是必須的，但如何止損是個非常重要的選擇問題。

4. 人性是虧損的重要原因

期貨市場的輸家通常就是按照人性來思考和行為的，而期貨市場的贏家剛好就是反其道思考和行為的。總結交易者的一些失敗交易行為你會發現，這些行為是非常符合人性的，或者說符合人性的許多想法和做法在期貨交易上是錯誤的，理性的交易基本都是不符合人性的。下面就舉幾個交易者經常犯的錯誤交易行為來說明上面的道理。

（1）重倉交易

重倉交易就是在一次交易中投入過多的資金的行為。無論是覺得自己交易勝算大或者機會好或者是想賺快錢。重倉交易都反應了交易者想大想快的思想，而這種想法是非常符合人性的，人進入交易市場就是想賺錢，賺錢越多越好，賺錢越快越好；但從理性角度分析，重倉交易會導致心態失衡和破產概率增加，許多專業交易者認為每次交易輸上總資金的3%就是重倉交易。正確的做法是輕倉交易，細水長流，但輕倉交易、細水長流顯然是不符合人性的。

（2）沒有耐心的頻繁交易

沒有耐心的頻繁交易是交易者常見的一種交易錯誤行為。沒有耐心指的是明明沒有滿足自己的開平倉條件卻在各種各樣的非正確的想法下頻繁地買賣。這種行為也是符合人性的，因為人性是不甘寂寞、不願等待、不願約束的，相反卻喜歡刺激和自由，而耐心等待意味著無聊、約束，頻繁交易意味著刺激、自由。但是沒有耐心的不符合自己信號的交易的質量是不高的，而且頻繁交易還需要擔負非常昂貴的交易手續費。正確的做法又是不符合人性的，需要交易者耐心等待自己的交易信號。

（3）不止損、老止盈

許多交易者非常不願意止損，老愛止盈，這種行為也是非常符合人性的。行為金融的研究結果表明投資者在賺錢的時候是風險保守的，在虧錢的時候是風險偏好的。這也符合實際情況，當人們交易虧損時總是不願意立即止損認輸，而更願意期待情況好轉；但是一旦交易盈利後就非常擔心利潤回吐，結果早早地落袋為安了。但這不符合理性做法，理性做法是截住損失讓利潤奔跑。當你虧錢後更大概率是虧更多，當你賺錢後更大概率是賺更多，顯然符合人性的做法並不擁有概率優勢。

（二）期貨交易市場是一個多維生態鏈，處於生態鏈頂端的團體會利用自身的某些優勢獵殺處於生態鏈低端的人群

期貨市場低端交易者是那些沒有任何優勢卻想在期貨市場上賺大錢的新手，他們沒有技術優勢、沒有資金優勢、沒有信息優勢，只是貿然進入期貨市場懷揣賺快錢和大錢等不切實際想法的初級交易者。比這些初級交易者略高一級的是一些沒有成功的交易老手，相對於新手他們有些交易經驗、對交易市場也有些認識、不切實際的幻想也少得多；但是在變幻莫測的期貨市場也沒有辦法持續穩定賺錢，他們在苦苦提升自己的生存能力，希望自己有朝一日也能爬向更高級的生態鏈端能夠穩定賺錢，也正是對這個想法的堅持，他們雖然也在不斷虧錢，但是依然在期貨市場不斷交易和學習。這兩層的交易者是期貨市場更高層的養料，他們構成了期貨交易者的90%以上。毫無疑問他們是虧錢的。賺錢的階層是擁有某種優勢並據此穩定賺錢的階層，按照優勢的大小這個賺錢階層又分為幾級。賺錢階層的初級是掌握某種分析技術或交易方法的人或團體，他們依據長期對市場規律的認識並設計了一套行之有效的交易方法，這種交易方法使他們在較長時間獲得交易的概率或盈虧比優勢，從而穩定賺錢。賺錢階層的中級是具有較大資金量和信息處理能力的私募機構，和初級擁有技術優勢的團隊相比，中級機構具有更大的人才優勢、資金優勢和信息收集處理優勢。賺錢階層的頂級是具有對期貨價格某種程度影響力的超級大機構大財團，他們能夠利用他們的資金優勢、信息製造優勢在短、中、長三個時間維度對價格形成干預和操控。他們會利用自身的這些優勢獵殺級別比他們低的交易者，如果你相信技術分析就做K線騙你，如果你相信基本分析就出商品研究報告誤導你，自己先買后唱多，先賣后唱空，想買時唱空，想賣時唱多，這些讓人防不勝防的伎倆的獵殺技巧就是他們的常用技術。

(三) 從參與者的投資水平看，分為初級、中級、高級三個水平

　　從投資者的投資水平分類，可以將投資者分為初級、中級和高級三個階段。初級投資者是指入市不長、投資經驗較少、分析技術不強的投資者。這一階段的投資者往往處於虧錢階段。初級水平的投資者的主要任務是逐漸熟悉期貨市場，他們掌握了初步的期市知識，學會了簡單的一些分析方法，但對整個期貨市場沒有統一客觀的認識，掌握的知識也是支離破碎的，即使從自己有限的實盤交易中獲得的交易經驗也是殘缺不全的，這一階段的人所需經歷的時間一般是 1~2 年。中級投資者在經過了初級階段后，逐漸樹立了對期貨市場較為客觀的認識，在對許多分析方法做了嘗試后逐漸對這些方法的實用性有了自己的評價，之后會對自己認為有效的分析方法進一步研究和使用。他們在經歷了大量的實盤交易之后對一些交易原則有了新的認識，這一階段一般是時而虧損，時而賺錢，總體輸贏不大。這一階段一般需要耗費投資者 2~3 年的時間。大多數投資者在經歷了前面兩個階段之後通常就不能前進了，因為在期貨投資過程中，由於期貨市場的漲跌的規律變化莫測，加之人性的弱點會在期貨市場中放大人的錯誤，所以經過幾年的辛苦摸索后，許多人還是無法賺到錢。在事實面前，許多人再也堅持不下去了，他們或者認為自己不適合做期貨或者認為這條道路太艱難而無法繼續走下去，所以大多數人都止於第二階段。真正的贏家是跨越第二階段進入第三階段的，對應的級別就是高級水平。高級水平的核心特徵是能做到持續穩定獲利，高級水平階段的投資者都建立了一套自己使用起來得心應手的交易體系。這一個階段的投資者對期貨市場、人性、自身都有非常深刻的認識，天才要達到這個階段起碼要 5 年以上的功力，正常人可能要在期貨投資的道路上走上 10 年左右。

二、期貨市場價格變動規律

（一）期貨價格漲跌的根本動力

期貨價格漲漲跌跌，變化莫測，許多投資者的心思全部放在如何分析和預測價格的漲跌的方向、價位和路徑。那麼期市漲跌的根本動力是什麼？

期貨市場價格漲跌的根本動力是商品的供求關係，期貨市場的商品大多是需求巨大的基礎性商品，這些商品受到資金操控的可能性較小，所以商品的價格波動主要受制於商品的供求關係，供大於求時價格上漲，供小於求時價格下跌。而期貨是遠期的商品價格，所以期貨價格的根本決定因素是商品的供求。

（二）期貨價格具有隨機性、趨勢性、跳躍性、週期性特徵

要認識期貨市場，對期貨價格的特性也必須要有深刻的認識，這是我們進行分析、設計交易系統所必須依據的基礎認識。

1. 期價具有隨機性

這是投資人的第一印象，價格忽漲忽跌，沒有多少規律可言。那麼從實際來看，大量的實證研究表明期價在大多數時候具有顯著的隨機性，學術上稱之為期價的「布朗運動」。這種隨機性給分析預測期價的人帶來了莫大的難度，預測期價無疑成了預測林中的鳥在下一刻將飛向何方的問題，這也就解釋了為什麼那麼多人孜孜不倦地試圖掌握預測期價的技術，但實際結果卻顯示大多數人虧損的事實，因為期價在大多數時候都是隨機的。請注意我們說的是大多數時候而不是全部時間期價都具有隨機性，真實的情況就是，大多數時候期價呈隨機運動時我們的分析預測的效果基本沒用，我們的分析預測只有在少數非隨機時間才可以發揮較好的效果。

2. 期價具有趨勢性

前面說大多數時間期價具有隨機性，那麼在其他時間則表

現為趨勢性。趨勢性是指期價在這段時間內具有連續向上或向下運動的特性，在K線圖上我們很容易看見或用趨勢線將其標出。前面趨勢的定義我們主要是根據表現形式來定義的。那麼趨勢是如何產生的，一種解釋是從信息傳播的先後順序來進行的，具體解釋如下：具有方向影響力的信息傳播是需要時間的，在信息傳播的過程中不斷增加的買賣力量會使這段時間的買賣力量出現不平衡，從而產生趨勢性的力量導致趨勢走勢。期價的波動性是無庸置疑的，期價的運動很少是直線型的，在絕大多數時候都是有時上漲、有時下跌，漲中有跌，跌中有漲。只不過期價在趨勢行情中的波動是有方向性的，而在盤整行情中是無方向的水平運動，這種期價的波動性的根源在於買賣雙方是千萬個獨立的個體，其買賣理由千差萬別，各種期價的影響因素的衝擊也具有隨機特徵，所以期價的波動性就隨處可見。

3. 期價的跳躍性

期價的第三個特性是跳躍性。這個跳躍性表現為期價在短時間內急遽上漲或下跌的走勢，這和期價在大多數時候不上不下、小漲小跌完全不同，在少部分時間期價的這種爆發式運動就稱之為跳躍性。其在K線圖上表現為大陽大陰線，巨大的跳空缺口就是獨特表現。這種跳躍性表現為如下性質：第一，發生的概率較低或者說時間較短；第二，價格急遽爆發性，在短時間內強烈漲跌；第三是不可預見性，因為這種情況的發生往往是因為巨大的突發性的利好利空消息橫空出世造成的，有力度的信息本身發生的概率就小，而且一般具有突發性，所以就造成了前面分析的跳躍性三性質。

4. 期價的週期性

期價的最後一個特性是週期性，這個週期性是一個大尺度特性，表現為牛熊更替、陰陽循環。當然這個特性是對於長時間來講的，期價在長時間具有反覆的特性，這個特性就是投

者不斷經歷的由於人性貪婪導致的牛市行情，以及人性恐懼所導致的熊市行情。牛熊更替的根源又來源於經濟的週期性，經濟的週期性又來源於市場經濟分散決策的個體對價格信息的不完美反應。

三、對人的預測能力的認識

投資者進入期市投資總想通過各種努力提高自己對期市的預測能力，許多人在上面花了許多時間，但事實是掌握高超期市預測能力的人並不常見。而媒體不斷地挖掘出各種各樣的「期神」以及他們驚人的財富故事，這些高大光輝的榜樣一方面會吸引人們對期貨市場更加向往，另一方面使得追求多年還屢戰屢敗的期市投資人自嘆技不如人，於是有些人放棄了，有些人還在堅持。他們堅持繼續去提高自己的預測能力，仿佛人們認定那些在期市上賺了大錢的人都是預測期市本領高強的期市高手，自己之所以虧錢只是自己沒有找到預測期市的方法。這樣的認識對嗎？下面將仔細分析，詳加論證。

（一）預測期市具體所包含的內容

很明顯如果某個人對期市未來的運行了如指掌，那麼賺錢就是十拿九穩的事，絕大多數人認為預測能力是投資期市最大、最重要的技術，既然是一門技術那就要求具有某種程度的可操作性和可檢驗性。細細想想投資人經常掛在嘴邊的預測，究竟是要預測什麼？前面說預測是為操作服務的，現在我們靜下心來想想，從期市操作的角度，預測究竟包含什麼內容。現在我們要開始投資期貨，第一步肯定是要在目前二十幾種期貨品種中選出一些作為操作對象，由於種類較少，選起來比較容易。第二步就是要開始交易了，交易就面臨預測未來期價的變動方向問題，是上漲還是下跌的問題或者說是漲跌的方向問題。這個問題需要預測嗎？答案是顯然的，既然上漲或下跌是不確定

的事情，預測就有用武之地，好的交易者總是能在開倉后就占據優勢，換句話說他們開倉后大多數時候行情就會向頭寸有利方向運動。進一步假定我們通過預測決定買入，接下來我們在任何時刻都可以選擇持有或賣出，持有是預測期價還將漲，賣出是預測期價將發生較大下跌，從操作的完美性上看我們總希望買在低點，賣在高點，所以我們還想預測買入后的目標價位，這個目標價位最好就是階段性高點。假定知道了買入點和目標價位我們就一定會賺錢嗎？也不一定，因為買入點到目標價位的運行路徑多種多樣，有的是直線到達，有的是小幅波動到達，有的是寬幅震盪到達，不同的路徑會使投資者產生不同的心理感受，從而產生相應的操作。從上面的分析看，期價預測的內容細分為運動方向、目標價位和運行路徑三方面內容。接下來我們開始分析從認識論上看，人們對預測的這三方面內容能夠做到什麼程度，是可以較好地預測，還是不能較好地預測或是根本就不能預測。

（二）人們對期市預測所能達到的程度

下面分三部分對預測的三方面內容分別分析論述，分析論述主要是通過對主流的基本、技術分析方法來進行的。

1. 人們對期價運動方向預測所能達到的程度

前面講期價的運動在大多數時候具有隨機性，少數時候具有趨勢性，做交易的人都有一種感覺就是錢好賺的行情一般是趨勢行情，這段時期期價被內在的一種力量控制，以趨勢前進的形式運行；而在行情出於盤整時期，期價時上時下，搖擺不定，盤整期的操作也是頻頻出錯，相應賺錢就相當困難。如果將期價在某段時間既不創近期新高又不創新低的行情定義為盤整區間，統計顯示趨勢行情與盤整行情持續的時間比為 3：7，或者說期貨市場 30% 的時間在做趨勢運動，70% 的時間是無方向的水平盤整。盤整行情主要體現的是期價的隨機性，任何技

術在盤整區域的預測能力都非常低，或者說不能預測。那麼在趨勢行情中是否所有時間都能較好地預測未來期價的運動方向呢？從所有走完的趨勢行情來看，我們很容易找到這波趨勢行情的最低起點和最高趨勢賣點，但在實際操作中，最低點和最高點當時是無法確認的，只有等到后來較久了以後才知道。因此一段趨勢行情的起步段和結束段有相當一部分是抓不住的，抓不住的原因主要是趨勢的起始段和結束段往往處於某種盤整段或相反的運動趨勢中，在沒有最終突破盤整段之前或大幅度反轉前最好的分析就認為它們正在盤整段或是前面的大趨勢線中，這時一般不採取買賣行動。等正式突破或明確信號出來之後，交易好手才會動手買賣，真正能抓住的只能是中間一段，而中間一段趨勢行情一般在整段趨勢行情中占的時間不到三分之一。為什麼交易好手要等待這一段時間進行交易呢？因為這一段屬於預測方向比較準的時候，應用的原理就是大家熟知的「趨勢在沒有破壞之前，就假定趨勢將繼續運行」。從上面的分析可以知道，我們大約是在趨勢行情時間的中間的三分之一段時間或者說總時間的12%的時間，通過辨認已經從盤整區域突破的趨勢，應用「趨勢在沒有破壞之前，就假定趨勢將繼續運行」的原理來進行預測，在有豐富經驗的情況下是可以做到預測準確率達到70%的。

基本分析對期價運動方向的預測性主要體現在長期方面。但運用基本面信息預測期價未來運動方向的時候會遇到如下問題：

（1）有些基本因素很難準確量度。比如我們知道信心樂觀有利於期價上漲，信心悲觀有利於期價下跌，但如何衡量信心是悲觀還是樂觀、程度是大是小就比較困難和主觀了。

（2）對於商品未來供求預測很難準確化。商品供求是由許多分散的個體構成，很難準確化。

基本面分析對中短期的行情走勢幫助不大，除了一些確定性較高的基本面信息可以在開盤前做出較好的方向判斷外，大多數的基本面信息對中短期的行情走勢預測沒有多大的幫助，這是由於同樣的基本面衝擊信息處於不同的市場環境中、不同的主流心理中、不同的宏觀環境中，行情的反應都不一樣。例如中央銀行提高銀行準備金率在不同的心理預期下可能導致漲或跌，可以因為人們理解為市場流動性收緊而預期變差而下跌，也可以理解為央行是為了對市面上充沛的流動性進行調節所產生的暫時之舉，甚至可以理解為「另外一只鞋」落地或者提高幅度低於預期而理解為利好消息而上漲。

　　技術面的預測技術可長可短，所以技術分析就沒有分析長短的天然限制，但技術分析是基於歷史統計規律的外推來進行的分析和預測。其缺陷在於：

　　（1）技術分析由於根源於統計規律，沒有從理性邏輯進行推演，所以沒有必然性。

　　（2）不同的技術分析所分析的角度不一樣，所得到的分析往往只代表一個角度，很難做到客觀全面，除非使用不同角度的技術分析然后再綜合分析。

　　（3）技術分析都有自己的適合分析的環境和不適合分析的環境，例如趨勢追蹤技術如果在盤整區域使用往往會是災難，同樣擺動技術指標在趨勢行情中往往會鈍化或不起作用，甚至起反作用。

　　對上面人們對期市漲跌方向的預測能力的結論性判斷綜合如下：

　　（1）人們只有在趨勢行情中的中間段容易根據趨勢將繼續而較好的應用慣性原理來對期市未來漲跌方向做出較好的預測，一個訓練有素的交易者在這段時期的準確率可以做到70%左右。而在其他時間段進行的預測準確度較低。

（2）從行情運行的時間占比上看，上述適合進行期市行情方向預測的時間占總運行時間的比例一般在12%左右。

2. 人們對期價目標價位預測所能達到的程度

買在最低點、賣在最高點是波段操作的最高境界，但這個境界是人們可以做到的嗎？要回答這個問題先讓我們看看最高點和最低點是如何形成的。所謂的最高最低點是相對於某一個波段而言，最低點是波段底部區域的局部最小值，現在想想行情走到了后來才知道最低點，注意最低點的右側當時還沒有走出，現在我們來討論是否可以預測出這個點就是最低點？前面談到期價最大的特性就是隨機性，特別是對於短時間來講，即使對於趨勢行情，由於行情的空間是由期價的跳躍性來完成的，在趨勢行情的其他大部分時間期價的漲跌也幾乎是50%的概率。所以不精確地說，期價在下一個時刻完全是隨機的，因此總體而言，預測最低點是不可能的事情。同樣的推理應用於最高點，結論依然是最高點是不可預測的。最高最低點總是事后才會知道的，而當時是不可知的。

3. 人們對期價運行路徑預測所能達到的程度

如果說人們在預測期價的運動方向在12%的特殊時間可以較好地預測，人們預測最高點和最低點是完全不可能的事情，那麼人們是否可能預測未來時間段期價的具體走勢，這個具體走勢就是路徑問題，我們經常所說的高開低走、震盪上行、三段式上漲、巨幅波動等專業術語就是路徑術語。我們前面論證當期價運行到當下，未來的短時間期價呈隨機狀態，大約我們也只有在趨勢行情的中間段可以依據趨勢將繼續原理在大約12%的時間對方向性問題做出預測，要準確預測期價在全段或某個特殊段的精確期價走勢，我們必須知道精確的行為方程，以時間為自變量，以價格為因變量。但遺憾的是交易者的交易行為極其主觀化，很多交易者的交易衝動非常不一樣而且不具

有穩定性，所以無法科學地找到交易者的行為方程，最終無法預測路徑問題。

第二節　期貨交易系統

交易體系是指交易者自己研發出來的一套較為穩定的以買賣條件滿足為操作信號的交易規範，其核心功能是持續穩定盈利。為了更進一步使讀者加深對交易系統的理解，下面分要點進行詳細闡述交易體系的特徵和功能。

一、交易體系的特徵

1. 交易系統是交易者自己研發出來的

交易系統帶有較強的主體性色彩，交易系統的建立是經過交易者長期的摸索、構建、檢驗、修改而成的，在這些過程中帶有強烈的交易者自身的特點。我們知道不同的交易者有不同的交易哲學，不同的交易經驗、不同的認識能力、教育背景，不同的性格特性，不同的行為能力、不同的心理素質，所以每一個交易體系都是交易者的獨門武器，帶有強烈的個人特色。

交易體系必須是交易者自己研發出來的，在研發的過程中有一些元素可以借鑑別人的，但總體上是自己的獨立思考和構建，研發出來的交易系統必須是適合自己的，並且在實際運用的效果上符合持續穩定盈利的規則。

2. 交易體系是一套較為穩定的系統

交易體系的建立過程中允許有較大的修改甚至完全的摒棄，但一旦建立完畢後就應當是一套較為穩定的交易系統。其穩定性體現在如下幾個方面。

（1）交易成績的穩定性

交易系統的最終用途是用來實施交易買賣行為的，從長期的角度看，交易系統應該滿足持續穩定獲利；不僅如此，交易成績的波動性、收益率的大小都應該對應於該交易系統，具有一定的統計穩定性。

（2）買賣條件的穩定性

交易系統的主體是買賣條件，買賣條件解決的是什麼時候買和什麼時候賣的核心問題，這個核心是相對穩定的，不能有較大的隨意性，也不允許較大的修改；如果有較大的修改，只能說你的交易系統還在建設中而不是建設好了。

3. 交易體系以買賣條件的滿足為交易操作信號

交易體系的核心內容是買賣的條件，滿足買入條件就買入，滿足賣出條件就賣出，交易系統完全以買賣條件是否滿足為操作信號，具有較強的機械性。買賣條件設置的合理性決定了如下重要事情：

（1）交易系統的操作正確率

交易者總希望自己的交易正確率較高，這樣從交易次數上就是贏多輸少，買賣條件設置得越充分就越能提高交易的正確性。

（2）交易系統的賺錢能力

交易系統的賺錢能力主要是通過對大的機會的把握能力的掌控來體現的。好的買賣條件設置就增強了捕捉大的交易機會的能力。

（3）交易的頻率

買賣條件越容易被滿足，交易次數就越多，交易頻率就越高；相反買賣條件越不容易滿足，交易次數就越少，交易頻率就越低。

二、交易體系的功能

1. 交易系統是符合交易者自身和客觀概率的一種最佳反應模式

交易系統的開發建立處處體現出交易者自身的特點和經歷，而且交易系統要成為一個表現良好的交易工具，必須符合客觀概率，符合了客觀概率才可能以概率制勝。交易系統的實質反應的是交易者對市場行情的持續不斷變化的最佳反應函數，是交易者交易思想、交易行為經過理性分析後的最佳反應模式。

2. 交易系統的核心功能是持續穩定獲利

交易系統是交易者進行交易的武器，如果這個武器不能達到持續穩定獲利的終極投資目的，我們就應該捨棄。而我們說某交易者擁有一個交易系統，其實就包含了這個交易系統一定要為交易系統的創建者帶來持續穩定盈利的硬性條件。

三、交易體系的構成

一個完整的期貨交易體系包含交易的目標、開倉條件、開倉后的應對措施。交易體系每一個部分都體現了概率判斷和風險控制。

（一）交易目標

交易目標的設定實質就是要清楚自己要在期市中以什麼方式賺多少錢的問題。其實質是要在風險和收益之間做一個搭配。

1. 依據賺錢目標的不一樣，我們可以將交易目的分為賺大錢和賺小錢

（1）高收益

賺大錢是指目標收益率很高的交易目的，例如年 1 倍的收益目標。

（2）低收益

賺小錢是指目標收益率較低的交易目的，例如年 10% 的收益目標。

2. 依據對在追求目標過程中對風險的接受程度可分為低風險、高風險兩種類別

（1）低風險

要求資金回撤小。

（2）高風險

可以承受較大資金回撤。

（二）開倉條件

確定好了交易目的就可以接下來確定開倉條件，開倉條件實質是一組過濾條件，將可以實現交易目的的交易機會篩選出來進行開倉。依據分析方法不同開倉條件分為基本面開倉條件、技術面開倉條件、基本面和技術面綜合開倉條件、資金面條件和事件條件五種。

1. 基本面開倉條件

從基本面角度選擇買入條件應該牢牢抓住基本面分析方法的特點和邏輯來進行。期貨的基本面分析，包括商品的供需分析、行業和宏觀分析。下面對不同交易週期的基本面開倉條件應該如何設置分別說明。

（1）短線交易目的

基本面的分析方法對短線交易指導意義不大，短線波動主要是由隨機波動組成，所以絕大多數短線交易者都是技術分析流派，少見以基本分析來指導期貨的短線交易。

（2）中線交易目的

從基本面的因素來篩選中線交易機會，主要是通過對中期行情運行有影響的基本面因素來進行的。這些中期行情影響因素有：商品和行業自身景氣度的中期波動、政府的行業支撐或

抑制產業政策的微調、行業上下游暫時性的變化。

（3）長線交易目的

長線交易目的主要是依據基本分析得出商品的長期價格走勢，從而選擇交易方向並長期持有頭寸。

2. 技術面開倉條件

買賣條件的設定主要是依據技術面的量、價、時、空的某個值、線的形態、交叉、背離關係來確定是否買入。總體來說，基本面分析偏向於指導投資週期較長的交易，而技術分析偏向於指導投資週期較短的交易。由於不同尺度的技術圖表有非常大的自相似性，所以這裡我們就用不同的技術分析方法來設定開倉條件。短線、中線、長線的差異主要通過參照的圖表不一樣來體現，比如短線參照的是 5 分鐘圖、中線是 60 分鐘圖、長線是日線圖、超長線是周線圖，但建立條件的方式是一樣的。

（1）均線分析方法

使用均線分析方法來設立買入條件可以通過如下幾個方面來進行：

①期價和均線的交叉。

在任何尺度的圖表中 30 參數的均線都是非常重要的一條均線，通過期價從下方上穿 30 均線作為買入條件就是一個不錯的買入條件，期價從上方下穿 30 均線作為賣出條件就是一個不錯的開倉條件。當然我們還可以通過數據優化找出最佳的參數來複製這種開倉方法。

②快速和慢速均線的交叉。

第一種交叉方法的虛假交易比較多，如果用兩條均線的交叉關係來設定開倉條件就會大大減少虛假交易，這種方法的不足之處是發出信號比較滯后。

（2）形態分析方法

形態分為反轉形態和中繼形態，反轉形態提供了在趨勢形

成早期買入的良好機會，中繼形態提供了在趨勢過程仲介入的機會。

重要的可以作為買入的反轉形態有：
①W 底；
②頭肩底。

重要的可以作為賣出的反轉形態有：
①M 頭；
②頭肩頂。

重要的中繼形態有：
①三角形；
②旗形；
③矩形；
④寬幅震盪區域。

寬幅震盪是指較長時間在比較大的空間內做上下運動，這樣就可以在最上沿賣出，在最下沿買入。

（3）指標分析方法

指標是依據期價的量價時空變量設計出的一些直觀的線或值，借以指導買賣的一類分析方法，按大類可以分為趨勢跟蹤指標、擺動指標和市場動量指標。指標的使用方法從共性上講有四類：第一類是依據指標值來指導買賣，例如 RSI 值 80 以上為超買區應該賣出，20 以下為超賣區應該買入。第二類是依據兩條不同曲線的交叉關係，例如 KDJ 中 K 線對 D 線的低位金叉買入，高位死叉賣出。第三類是許多指標本身也可以運用形態分析，例如 KDJ 的第二次穿越比較準確。第四類用法是期價與指標的背離關係買賣，例如 MACD 不創新高而期價創新高為頂背離為賣出信號。

由於指標的數量太多，甚至自己都可以借助計算機設計一些個性化的指標，但這些指標的使用效果一般情況是有時好有

時壞，所以每一個交易者對不同的指標都有不同的信任度，有的交易者乾脆就不用指標指導交易。當然交易者完全可以根據自己的喜好採用指標對買賣條件進行設置，特別是在對指標在什麼時候表現良好、在什麼時候表現欠佳了然於心的時候。

（4）切線分析方法

切線分析是一個大類分析方法，包含的內容較多，下面分類說明：

①支撐阻力線。

如果事先畫出的支撐阻力線有效，就可以在遇到支撐時買入，遇到阻力時賣出。

②通道線。

如果事先畫出的通道線有效，就可以根據下軌道買入，上軌道賣出，軌道同方向突破為加速，反方向突破為切線失效。

③趨勢線。

如果事先畫出的趨勢線有效，就可以根據趨勢的突破為趨勢破壞，受到趨勢線支撐可以買入，遇到趨勢線壓制可以賣出的操作原則進行分析。

④突破買入。

當期價突破盤整區或突破重要的切線或前期的高點都可以進行買入。

切線分析還包括黃金分割線、扇形線等。

（5）K線分析方法

K線分析是最基礎的分析方法，當然可以用作買入條件的設置。K線分析的口訣是：陽線和下影線代表上漲的力量，陰線和上影線代表下跌的力量；實體和影線長短代表力量的大小。

①單根K線。

低位大陽線、探底神針是築底反彈的信號。

高位大陰線、瞄準之星是賣出信號。

② K線組合。

低位的陽包陰、三只紅小兵等是看漲信號。

高位的陰包陽、三只烏鴉等是看跌信號。

③缺口。

缺口分為普通缺口、突破缺口、持續缺口、逃逸缺口、衰竭性缺口，我們可以在突破缺口出現后順勢建倉，在逃逸性缺口平倉。

(6) 其他技術分析方法

其他技術分析方法有江恩技術、波浪分析技術、混沌、分形、神經網路等分析工具和方法。

(7) 失敗分析方法

另外一種有趣的交易方法就是在經典的原始信號失敗后反向操作，應用的原理是該漲不漲理應看跌，該跌不跌理應看漲。

3. 基本面和技術面相結合的開倉條件

這種綜合方法是通過一組基本面和技術面的條件作為開倉條件，因為基本面和技術面從不同角度提供了未來期價變動的概率判斷，所以使用這種方法是更為客觀和全面的，也是我們所提倡的。

4. 資金面條件

這類開倉條件主要是通過對資金面的研究來設定開倉條件的，微觀的有看盤口報價的基於報價單和成交單的一些高頻模型，或者基於從資金面來預測莊家行為的跟莊模型。

5. 基於特殊事件的交易模型

這些特殊事件包括但不限於局部戰爭、極端天氣、罷工、爆炸等特殊事件或者重要經濟指標發布的時間窗口。

(三) 開倉后的應對措施

1. 止損

開倉之前就應當對開倉之後的應對措施制訂好交易計劃，

這就是開倉後的應對措施。無論哪種開倉方法都應當設定一個自己願意承擔的止損位。無論我們的分析有多麼完美，行情總有可能向最不利於方向運動，這時我們就要靠止損來保護本金安全，所以開倉後出現不利情況觸及止損就應該立即出場，不要有任何的希望。

2. 持有

當行情按照自己所預想的情況正常運行，沒有相反的危險信號出現或者暫時出現之後又消失，這時的最佳應對措施就是繼續持有。

3. 平倉

直到行情運行遇到足夠大的相反危險信號或開倉預期全部實現后，這時的最佳應對措施就是平倉。

4. 依據變化后的情況重新設定止損止盈位

當設置初始止損後，后面行情既沒有到止損也沒有到止盈，但是發生了新的變化，並且需要對初始的止損止盈進行調整，就需要重新設定。

四、交易系統的類型

(一) 依據交易速度不一樣，我們將交易系統區分為長線、中線、短線、快頻和高頻

1. 長線交易系統

長線指持有期至少在三個月以上。

以長線交易為目的的交易者是最輕鬆的，他們要做的事就是選好品種開倉後並長期持有，而且只要基本方向判斷正確，其長期回報就是驚人的。

但長線交易又是不容易的，長線交易者要忍受期貨價格的上下波動。

2. 中線交易系統

中線交易又稱為波段交易目的，交易的主要目的是抓住期價的中期波動。中期波動是指持續時間三個星期到三個月的趨勢行情。

抓中期波段的好處是交易頻率較短線大為降低，這樣可以放松下來仔細分析行情，而且中期波段的收益率也比較高，為此承擔的風險也不太大，比較符合中庸之道。

抓中期波段也需要較高的水平，這種水平需要交易者較強的趨勢分析和捕捉能力，需要多年的交易沉澱。

3. 短線交易系統

這種交易目的是通過較短持有來獲得利潤的。我們一般認為持有期在三個星期之內的為短線交易。

短線交易是想賺快錢，短線交易的目的是快速介入較為明確的漲跌，快進快出，這樣總讓資金處於快速增長過程中。短線交易的特點是單次的輸贏都不太大，只要正確率較高，收益前景似乎很不錯。

實際上短線交易比較難以操作，期貨的短期波動難以捉摸，要獲得較高的正確率是需要專業的訓練和長期的累積的，而且短線交易比較費精力，容易使交易者隨時處於緊張狀態。

4. 快頻交易系統

快頻交易系統指一天交易10~50次的交易系統。

5. 高頻交易系統

高頻交易系統指每天交易50次以上的交易系統。

（二）依據賺錢的邏輯不同分為趨勢模型、震盪模型、反轉模型、套利四類

1. 趨勢模型

趨勢模型是先設定一個趨勢標準，並假定趨勢將繼續來設置交易的模型，這種模型的賺錢邏輯是慣性原理。

2. 震盪模型

震盪模型是先設定一個震盪標準，並假定期貨價格會反覆來設置交易的模型，這種模型的賺錢邏輯是高拋低吸。

3. 反轉模型

這種交易模型是利用物極必反原理來捕捉長期的反轉點。

4. 套利模型

套利模型指的是利用期貨相關商品之間存在的關係進行對沖交易，分為期現、跨期、跨品種、跨市場套利。

(三) 依據交易的手段不同可以區分為主觀交易和程序化交易

1. 主觀交易

主觀交易就是依據交易者的交易經驗手動操作。

2. 程序化交易

程序化交易就是將交易思想、交易策略和交易執行和控制全部交由計算機來執行的交易方式。

第二章　科學止損

止損是一個讓期貨交易者比較頭疼的事情，止損下去就讓虧損成為既成事實，不止損雖然可能反敗為勝，但也可能虧得更多。如何正確處理止損，本章會給出答案。

第一節　止損概述

一、止損的含義和作用

（一）止損的含義
止損就是當虧損到一定程度后認輸平倉的做法。
（二）止損的作用
1. 避免更大的損失
止損的含義就是在虧損還可以接受的範圍內結束交易，這樣做的目的就是避免更大的后續損失，雖然這筆止損的交易后面可能回本，甚至回本的概率還大於50%都還是要止損的原因是交易者要絕對避免持有一個不利大趨勢，如果不止損的話，這樣的大虧損有一次就足以要命。如果每次都在虧損可以接受的範圍內止損就不會有更大的單次虧損了。

2. 避免大虧后的負面情緒

大虧除了在帳面上產生了明顯的損失外，它還可能引發更為危險的負面情緒。例如大虧之下很容易激發重倉交易、頻繁交易、衝動性交易等不良交易，這些負面交易很可能將已經不利的帳面虧損變得更多，甚至會導致更為嚴重的破產。

3. 避免破產

期貨交易最重要的是生存，而生存的充分條件是將自己的破產風險控制在最小可能的水平上，而止損是避免破產的重要手段之一，另外避免破產的手段是提高交易正確率，增加風險收益比和下小註。

二、止損的類型

1. 心理止損

心理止損就是虧損擴大到心理承受不了時而進行的止損，這種止損是業余水平的止損，是沒有任何科學依據的止損，僅僅是照顧交易者心理的保護性措施。

2. 絕對金額止損

交易者如果對每次的最大虧損做一個相對不變的規定就屬於絕對金額止損。例如交易者本金有 10,000 元，分成 10 次等分下註，每次最大虧損 1,000 元。絕對金額止損的另外一個叫法是絕對點位止損，絕對點位是針對不同的商品的波動特性而概括出來的一個數量單位，比如橡膠 100 點止損就是固定的 1,000 元止損，IF 股指 10 點止損就是 3,000 元止損。

3. 技術位止損

技術位止損是以技術分析為方法來確定初始交易什麼時候錯誤並結束交易。最常見的是以前高或前低作為壓力和支撐位來止損，另外以均線的支撐和壓力來進行止損的也不在少數。技術位止損的優勢是簡單易學，劣勢是容易被交易對手看穿和

利用，許多莊家和主力就是知道許多散戶相信技術分析而經常做線或者利用技術陷阱獵殺散戶。

4. 時間止損

交易系統規定的結束時間到了而了結交易叫作時間止損，許多日內交易要求持倉在最後一分鐘前平倉就屬於時間止損。另外一些短線趨勢交易者規定開倉後如果若干時間沒有明顯盈利就平倉出局也屬於時間止損。

5. 總資金的百分比止損

這是一個相對專業的止損方法，就是對每一次交易的最大虧損制定一個百分比，每一次交易的虧損就是總資金乘以百分比。這種止損會隨著總資金的不同而線性增減，而且經常和其他止損方法配合使用。例如上面先用總資金乘以百分比確定最大虧損金額，然後使用技術止損確定1手交易的虧損額度，最後用總資金乘以百分比確定的最大虧損金額除以使用技術止損確定的1手交易的虧損額度得到本次交易的交易手數。由於交易者是按比例交易和止損，很容易將最大回撤控制在合理的範圍內。

6. 波動率止損

波動率止損是按照對波動率的定義取一定時間週期的波動率值來進行止損的方法。該方法也是專業的止損方法，而且是一個具有自適應的止損方法，當行情波動較大止損就大，行情波動小止損就小。例如用一定週期的30個收盤價的2倍標準差作為波動距離的代表來止損就有概率上的優勢和上面所說的自適應性。

三、止損的代價

止損無疑對交易者破產風險的降低是有作用的，但它也有代價不菲的成本。

1. 使交易次數增多，增加交易費用

止損使得交易次數增加，增加交易次數特別是虧損后增加交易次數意味著在虧損的基礎上再加上交易手續費和滑點的擴大虧損，這樣虧損就會增加。從前面的分析可知，交易手續費和滑點對總資金的侵蝕程度是非常大的。

2. 失去扭虧為盈的機會

許多交易，如果我們放大初始止損，行情的往復性會造成不少交易可以先虧后盈，但是止損讓這種反敗為勝的機會不復存在。要知道行情在超過70%的時間都是在盤整，行情的常規走勢就是上上下下漂浮不定，交易后先虧后盈的概率其實不低，特別是給足空間和時間后交易先虧后盈的概率還大於50%。但是依據前面的分析，為了保證避免更大的虧損我們必須要無一例外地執行止損，即使止損錯誤也必須這樣做，否則我們終會被一次不回頭的大趨勢消滅掉。

3. 失去減少虧損的機會

我們的許多止損操作，如果放寬止損有許多時候即使不能反敗為勝，也能通過延遲止損等行情回來一些再止損，這比初始的止損要虧損小一些。但是止損讓這種減少虧損的機會也不復存在。

第二節　如何科學止損

一、期貨交易必須止損

期貨交易必須止損應該是一個不容爭議的論斷，因為期貨市場合約有時間限制以及保證金交易特性都讓期貨交易市場風險巨大，如果不止損，水平再高的交易者都會因為一個持續的

趨勢行情做反而虧損破產。同時期貨止損可以在虧不太多的時候就停止交易，這雖然讓交易者不舒服，但可以避免不止損大虧后的情緒失控，而這種情緒失控的破壞力是相當巨大的，所以期貨交易必須止損。但根據上面的分析，止損操作在很多時候事后看來是不會虧損的，我們的很多止損操作都是自己嚇自己，止損的總體效果並不是正面的，特別是在沒有破產的交易產生之前。所以我們還有必要研究一下如何減少止損的負面影響。

二、使用寬止損而不是窄止損

寬止損優於窄止損的原因首先是窄止損導致的交易次數太多而付出了較多的手續費和滑點，其次窄止損對期貨價格的隨機波動的抵抗力較差導致窄止損喪失扭虧為盈的機會。

三、根據不斷變化的行情收窄止損

要知道初始止損是依據開倉時的情況制定的止損，但是當行情繼續變化后，可以依據更新后的情況縮小止損，這樣在不喪失正確率優勢的情況下可以使虧損更小，能更好地服務於交易目的。

四、技術位止損要加較大緩衝

技術位止損是許多期貨交易者使用的交易技術，凡是被散戶大量使用的交易技術就很可能被主力莊家所利用。主力莊家的交易困難是很難以較小的衝擊成本找到大量的交易對手，所以被廣大散戶所信任和使用的技術圖形和形態就成為莊家設立陷阱的最佳時候。比如長期盤整后形成突破是經典技術分析所認為好的介入點，大多數散戶相信這個技術點就會同方向的開倉並同時將止損放在差不多的技術位。主力莊家是深知這種情

況的，所以他們會進行力量對比和機會分析。如果他們準備要在這裡獵殺散戶，就可以利用他們的資金、信息優勢操作期貨價格，先進行突破操作，然后吸引大量跟風盤后就開始和跟風盤做對手交易，就能在短時間找到大量交易對手，然后利用自己的資金優勢形成假突破后很快地將散戶的止損位打穿，在短時間結束獵殺行動。所以對於技術位止損一定要留比較大的緩衝才能躲過這樣的莊家技術陷阱。

第三節　科學止損案例

下面通過趨勢支撐壓制交易系統來說明如何設置止損是更優的。

一、趨勢支撐壓制交易系統簡介

趨勢支撐和壓制首先要求一段明確的趨勢，然后利用上漲趨勢遇回檔買入或者利用下跌趨勢遇反彈高點賣出。

二、數據選擇

我們選用滬深300股指2014年4月16日至2015年10月30日的15分鐘數據，數據來源於金字塔行情軟件。

三、擬研究的問題

使用技術位過濾的止損是否優於技術位止損。

四、交易記錄

說明：
(1) 多空欄中，0表示空，1表示多；

（2）平倉採用技術位止損；

（3）止盈採用形態止盈。

下面是交易記錄，見圖2-1至圖2-29。

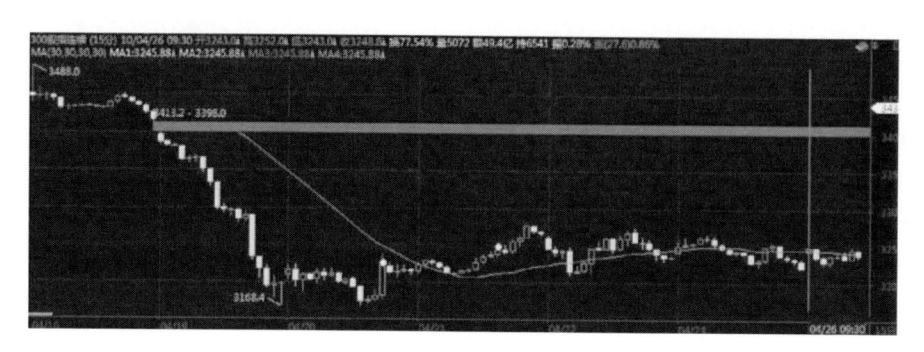

圖2-1　第1筆交易

註：

交易次數	多空	開倉點位	止損點位	平倉點位
1	0	3,227	3,291	3,250

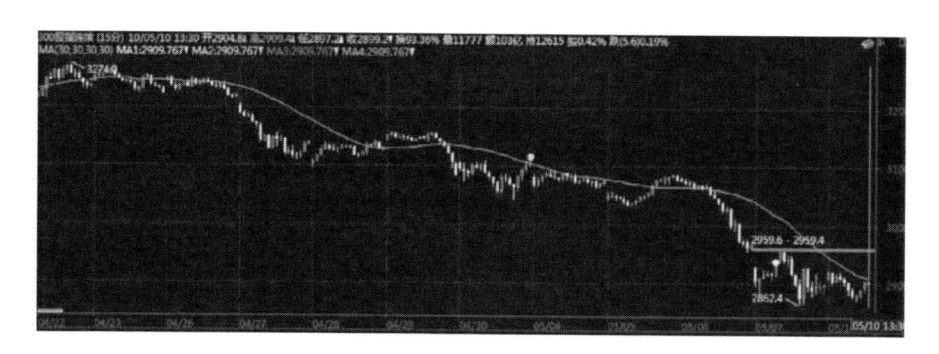

圖2-2　第2筆交易

註：

交易次數	多空	開倉點位	止損點位	平倉點位
2	0	3,110	3,165	2,932

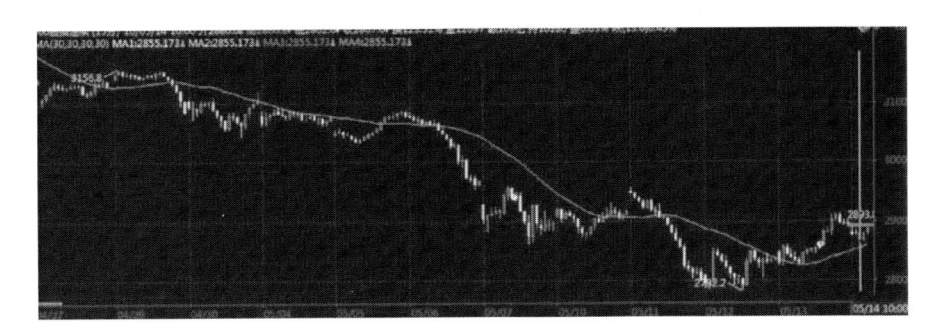

圖 2-3　第 3 筆交易

註：

交易次數	多空	開倉點位	止損點位	平倉點位
3	0	2,939	3,000	2,859

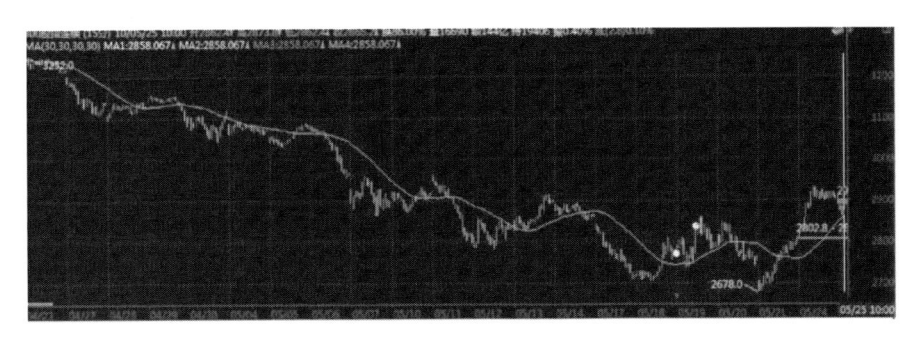

圖 2-4　第 4 筆交易

註：

交易次數	多空	開倉點位	止損點位	平倉點位
4	0	2,778	2,850	2,850

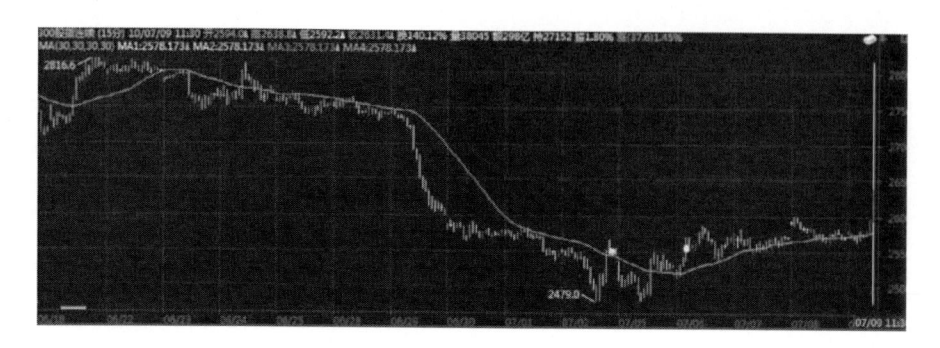

圖 2-5　第 5 筆交易

註：

交易次數	多空	開倉點位	止損點位	平倉點位
5	0	2,550	2,600	2,550

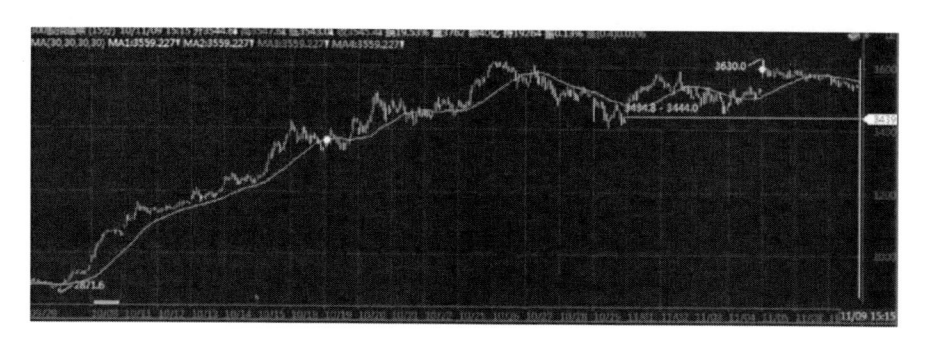

圖 2-6　第 6 筆交易

註：

交易次數	多空	開倉點位	止損點位	平倉點位
6	1	3,361	3,300	3,600

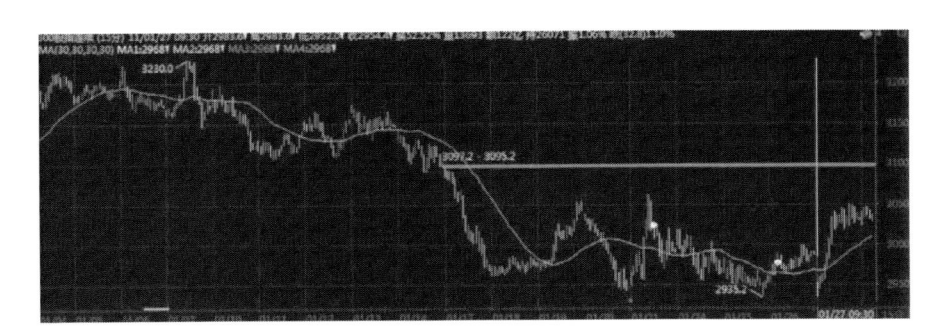

圖 2-7　第 7 筆交易

註：

交易次數	多空	開倉點位	止損點位	平倉點位
7	0	3,021	3,074	2,976

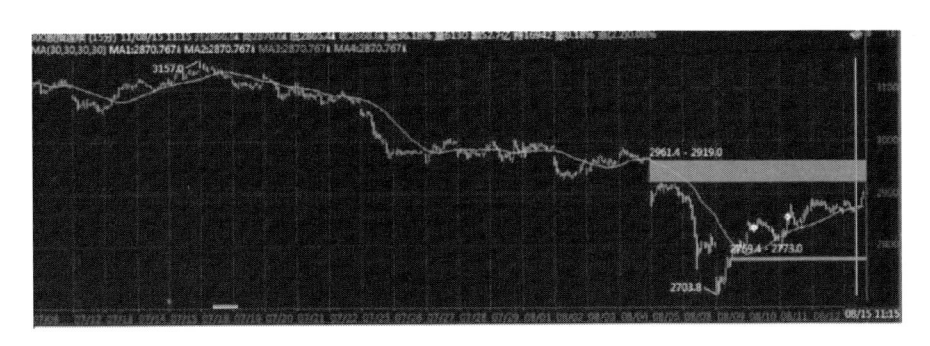

圖 2-8　第 8 筆交易

註：

交易次數	多空	開倉點位	止損點位	平倉點位
8	0	2,824	2,856	2,856

第二章　科學止損

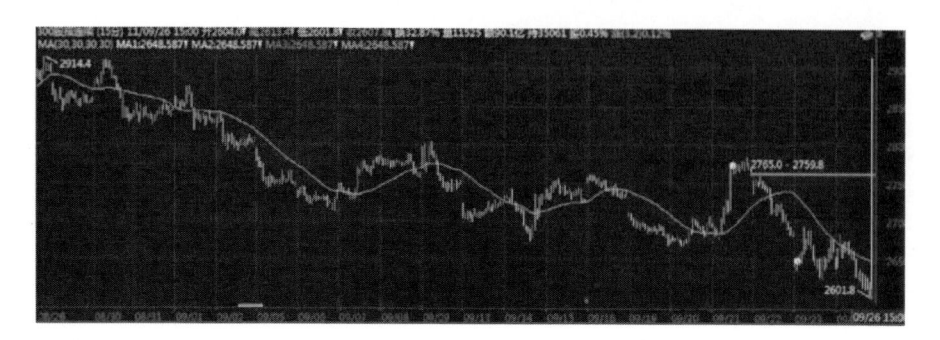

圖 2-9　第 9 筆交易

註：

交易次數	多空	開倉點位	止損點位	平倉點位
9	0	2,768	2,825	2,653

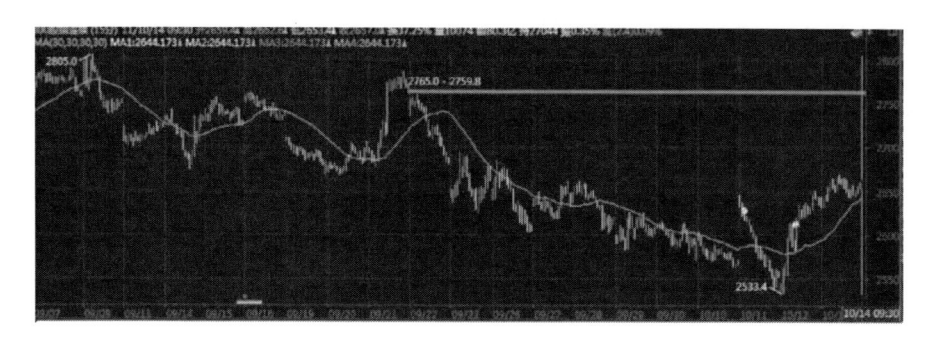

圖 2-10　第 10 筆交易

註：

交易次數	多空	開倉點位	止損點位	平倉點位
10	0	2,629	2,668	2,617

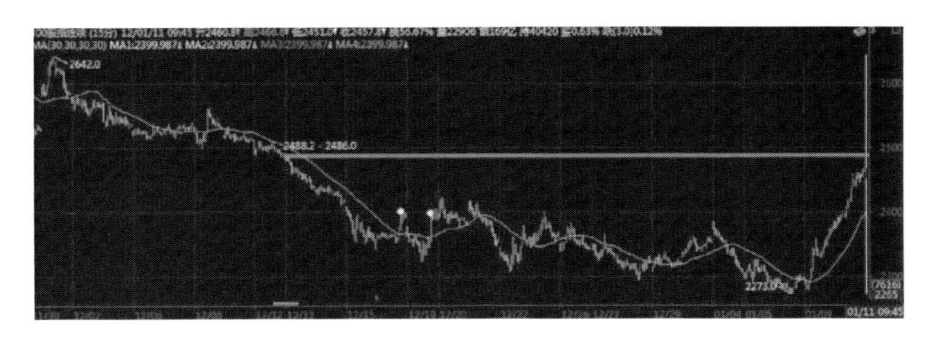

圖 2-11　第 11 筆交易

註：

交易次數	多空	開倉點位	止損點位	平倉點位
11	0	2,402	2,440	2,402

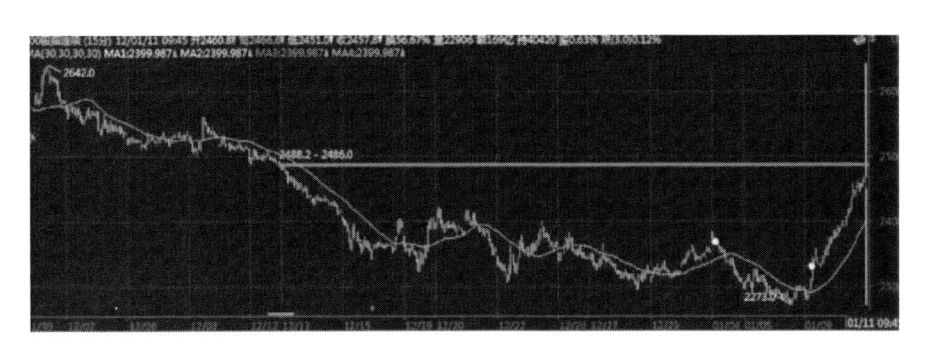

圖 2-12　第 12 筆交易

註：

交易次數	多空	開倉點位	止損點位	平倉點位
12	0	2,366	2,432	2,328

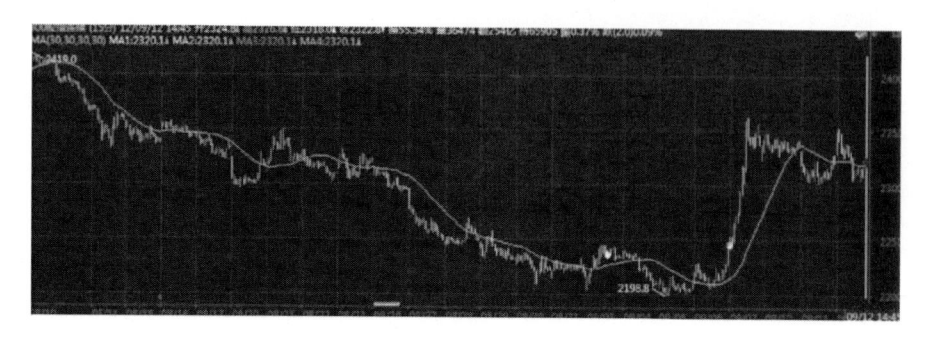

圖 2-13　第 13 筆交易

註：

交易次數	多空	開倉點位	止損點位	平倉點位
13	0	2,440	2,468	2,450

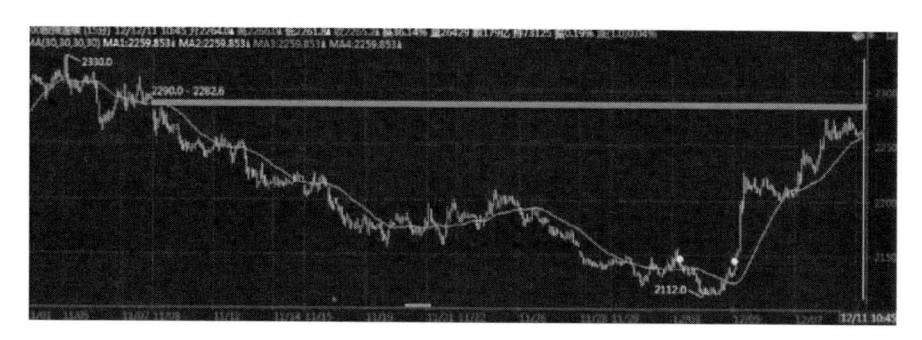

圖 2-14　第 14 筆交易

註：

交易次數	多空	開倉點位	止損點位	平倉點位
14	0	2,146	2,168	2,146

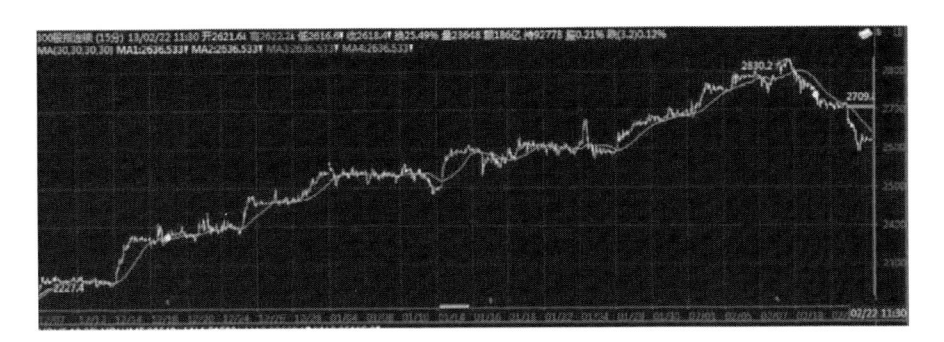

圖 2-15　第 15 筆交易

註：

交易次數	多空	開倉點位	止損點位	平倉點位
15	1	2,380	2,330	2,738

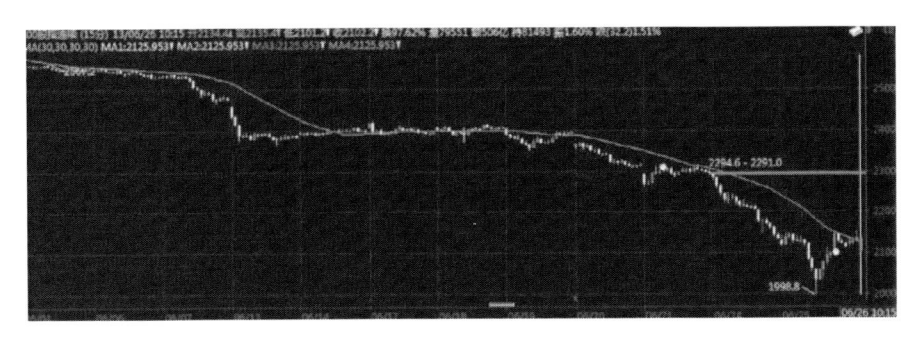

圖 2-16　第 16 筆交易

註：

交易次數	多空	開倉點位	止損點位	平倉點位
16	0	2,307	2,350	2,100

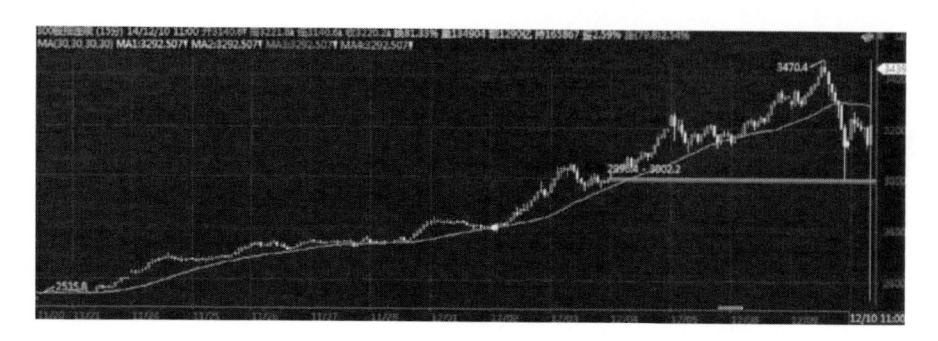

圖 2-17　第 17 筆交易

註：

交易次數	多空	開倉點位	止損點位	平倉點位
17	1	2,800	2,720	3,120

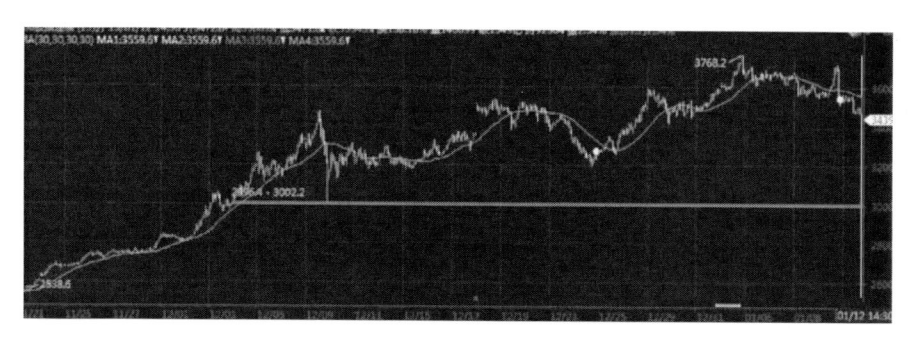

圖 2-18　第 18 筆交易

註：

交易次數	多空	開倉點位	止損點位	平倉點位
18	1	3,287	3,120	3,536

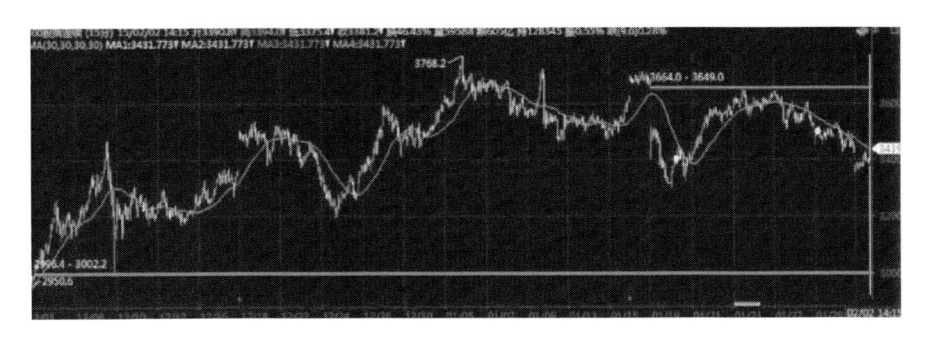

圖 2-19　第 19 筆交易

註：

交易次數	多空	開倉點位	止損點位	平倉點位
19	1	3,400	3,300	3,500

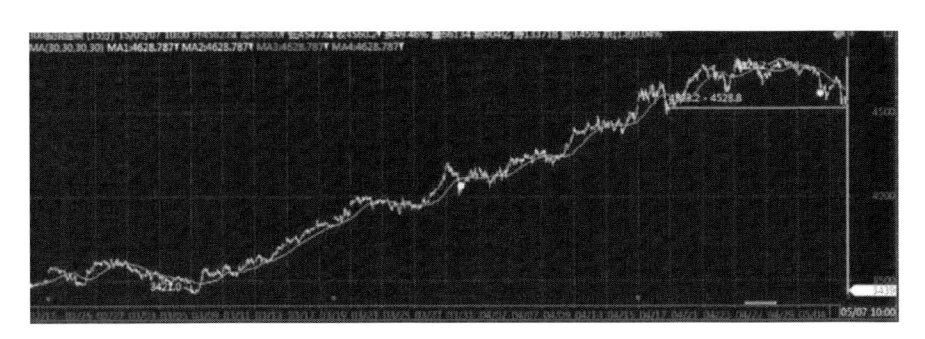

圖 2-20　第 20 筆交易

註：

交易次數	多空	開倉點位	止損點位	平倉點位
20	1	4,072	4,000	4,605

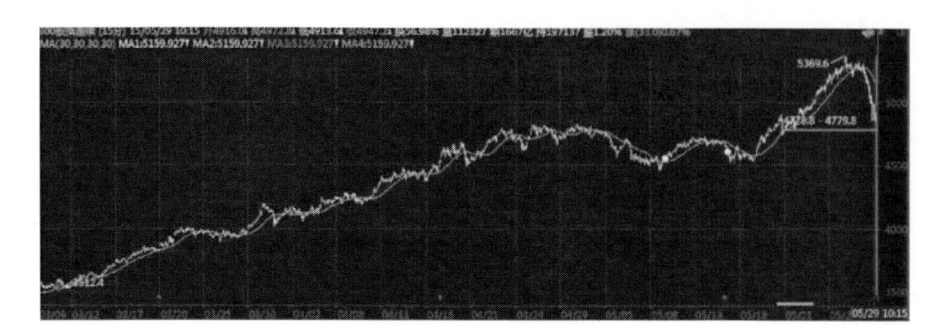

圖 2-21　第 21 筆交易

註：

交易次數	多空	開倉點位	止損點位	平倉點位
21	1	4,578	4,400	4,600

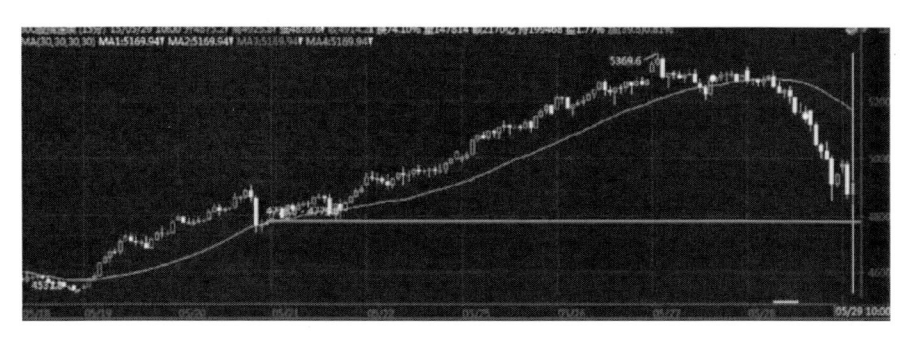

圖 2-22　第 22 筆交易

註：

交易次數	多空	開倉點位	止損點位	平倉點位
22	1	5,285	5,150	5,150

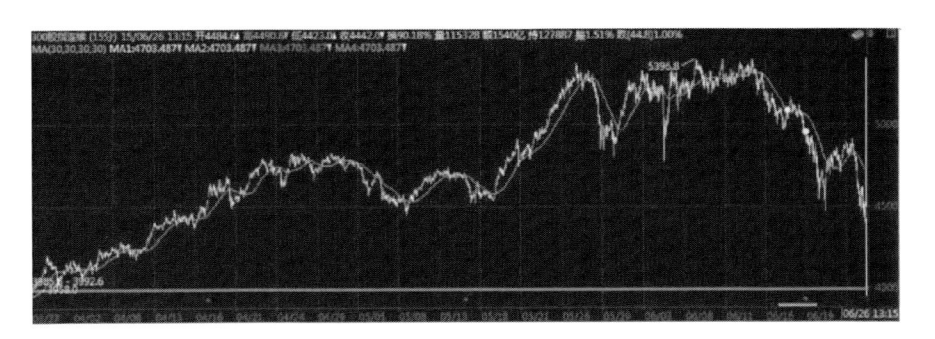

圖 2-23　第 23 筆交易

註：

交易次數	多空	開倉點位	止損點位	平倉點位
23	1	5,100	4,950	4,950

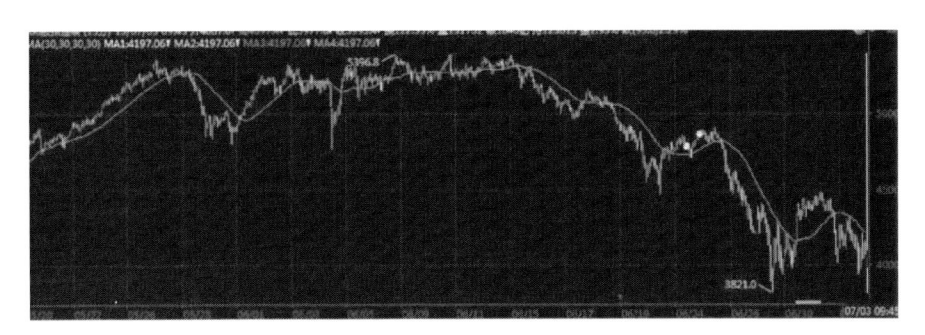

圖 2-24　第 24 筆交易

註：

交易次數	多空	開倉點位	止損點位	平倉點位
24	0	4,780	4,890	4,890

第二章　科學止損 | 53

圖 2-25　第 25 筆交易

註：

交易次數	多空	開倉點位	止損點位	平倉點位
25	0	4,317	4,450	4,270

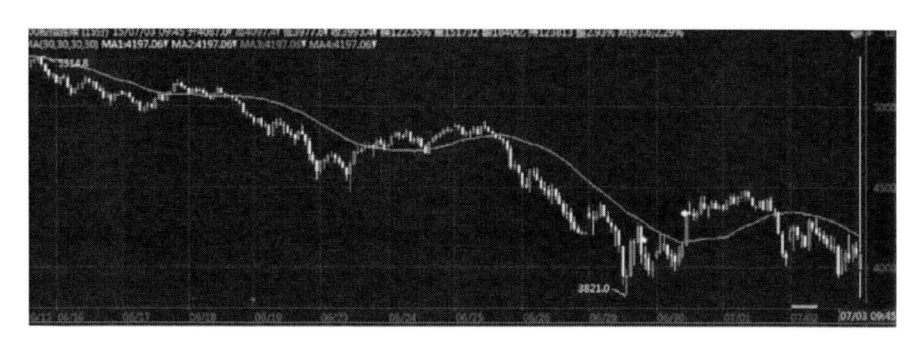

圖 2-26　第 26 筆交易

註：

交易次數	多空	開倉點位	止損點位	平倉點位
26	0	4,161	4,350	4,350

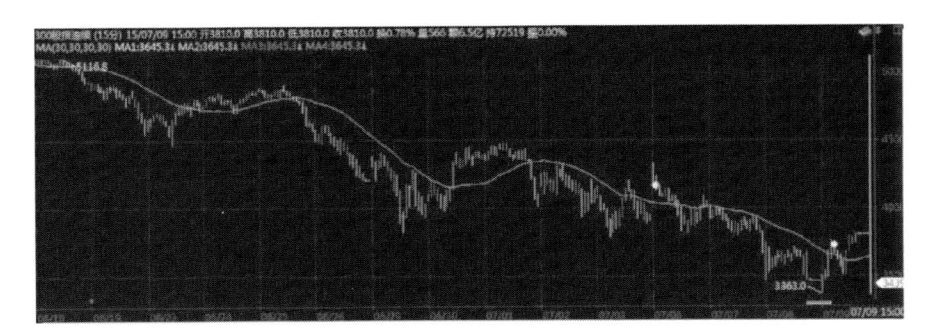

圖 2-27　第 27 筆交易

註：

交易次數	多空	開倉點位	止損點位	平倉點位
27	0	4,200	4,500	3,750

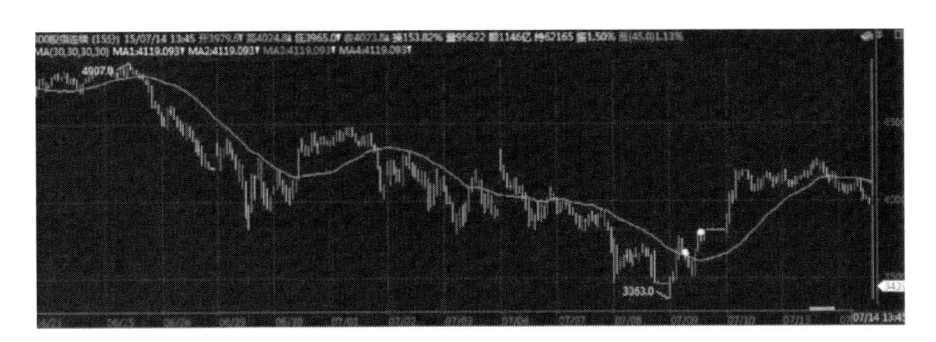

圖 2-28　第 28 筆交易

註：

交易次數	多空	開倉點位	止損點位	平倉點位
28	0	3,620	3,800	3,800

第二章　科學止損 | 55

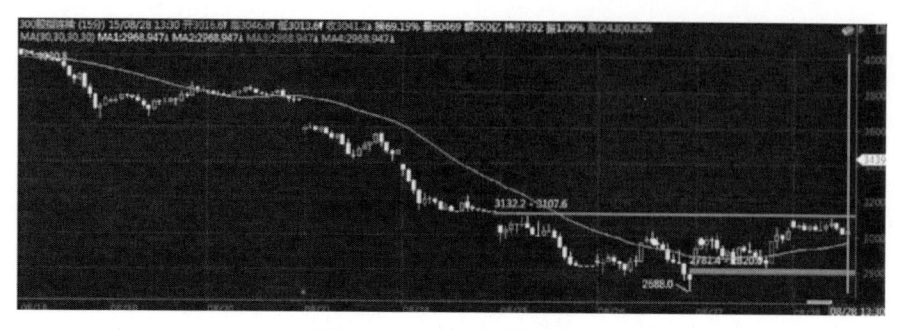

圖 2-29　第 29 筆交易

註：

交易次數	多空	開倉點位	止損點位	平倉點位
29	0	2,974	3,100	2,974

五、綜合分析

（一）對錯誤的交易進行分析

我們下面的止損採用比原止損更大的止損，想看看是否寬止損比窄止損更優。下面對所有的虧損進行全面統計：

1. 原第 1 筆交易使用寬止損的對比

原第 1 筆交易見圖 2-1。

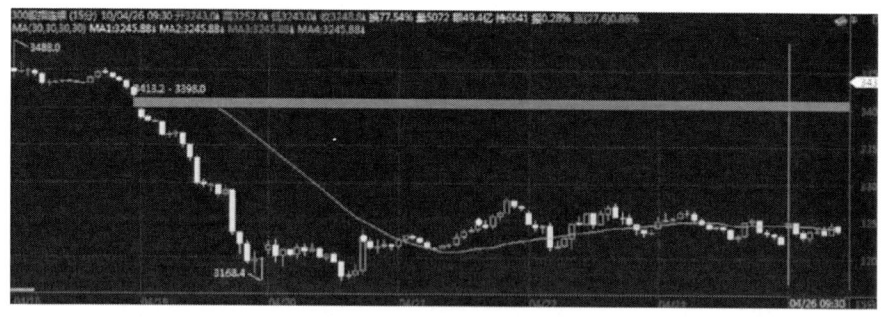

圖 2-1　第 1 筆交易

註：

交易次數	多空	開倉點位	止損點位	平倉點位
1	0	3,227	3,291	3,250

圖 2-1 這筆交易的初始止損是放在前期大陰線 3,291 上的，但平倉是依據小盤整平臺被上突 3,250 提前平倉，虧損 23 點，但如果以初始 3,291 點止損就可以挺過盤整區域獲得巨大的收益 347 點。寬止損比窄止損好 370 點。寬止損交易見圖 2-30。

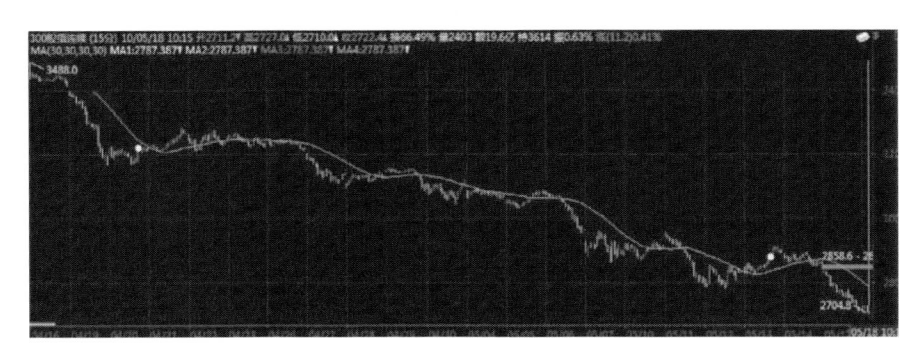

圖 2-30　第 1 筆交易使用寬止損

2. 原第 4 筆交易使用寬止損的對比

原第 4 筆交易見圖 2-4。

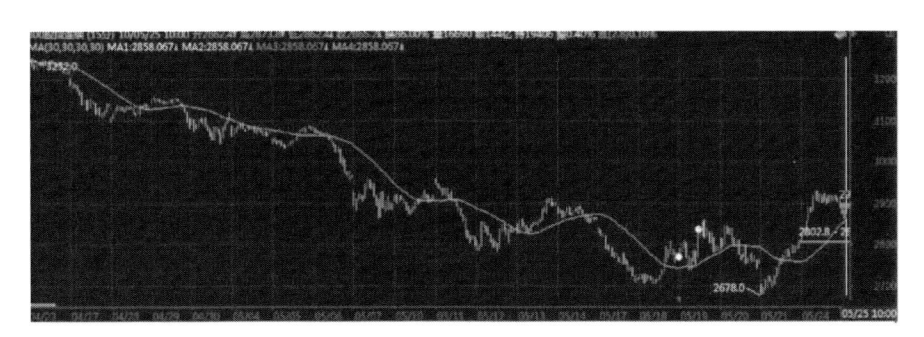

圖 2-4　第 4 筆交易

註：

交易次數	多空	開倉點位	止損點位	平倉點位
4	0	2,778	2,850	2,850

這筆交易的止損使用寬止損 2,915 點，結果依然是在 2,915 點止損，寬止損多虧 65 點。寬止損見圖 2-31。

第二章　科學止損　57

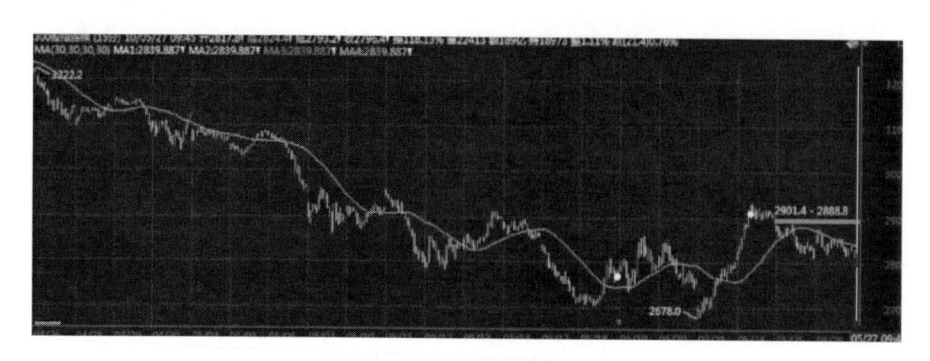

圖 2-31　第 4 筆交易使用寬止損

3. 原第 5 筆交易使用寬止損的對比

原第 5 筆交易見圖 2-5。

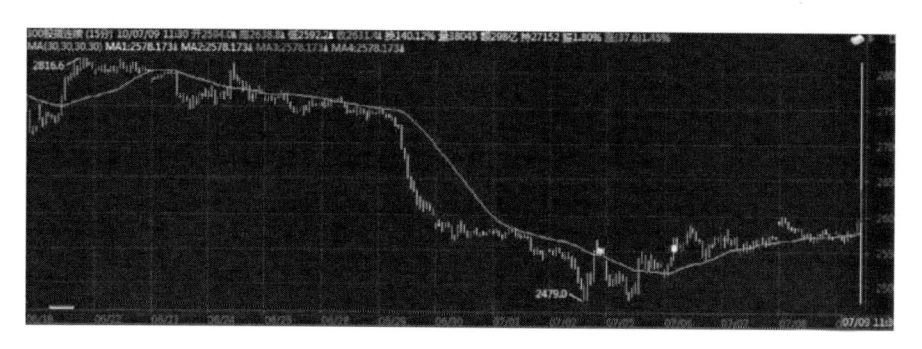

圖 2-5　第 5 筆交易

註：

交易次數	多空	開倉點位	止損點位	平倉點位
5	0	2,550	2,600	2,550

這筆交易原來是賺 0，如果使用寬止損會多虧 50 點，寬止損見圖 2-32。

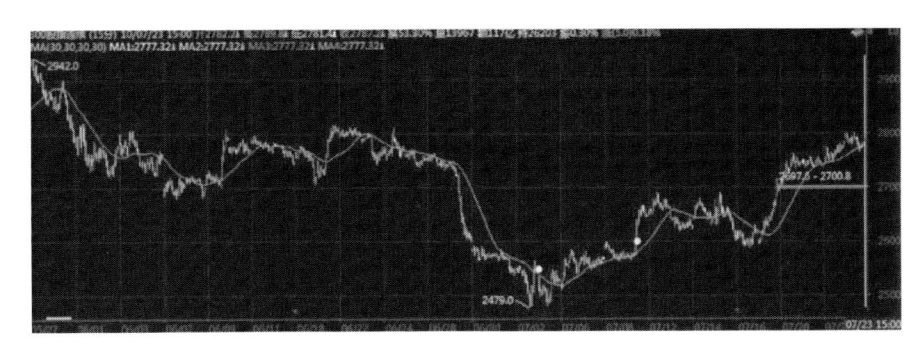

圖 2-32　第 5 筆交易使用寬止損

4. 原第 8 筆交易使用寬止損的對比

原第 8 筆交易見圖 2-8。

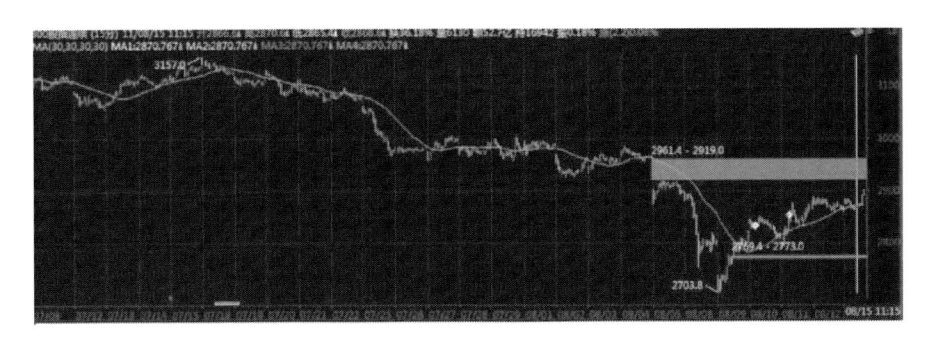

圖 2-8　第 8 筆交易

註：

交易次數	多空	開倉點位	止損點位	平倉點位
8	0	2,824	2,856	2,856

這筆交易使用寬止損會多輸 30 點，寬止損交易見圖 2-33。

第二章　科學止損　59

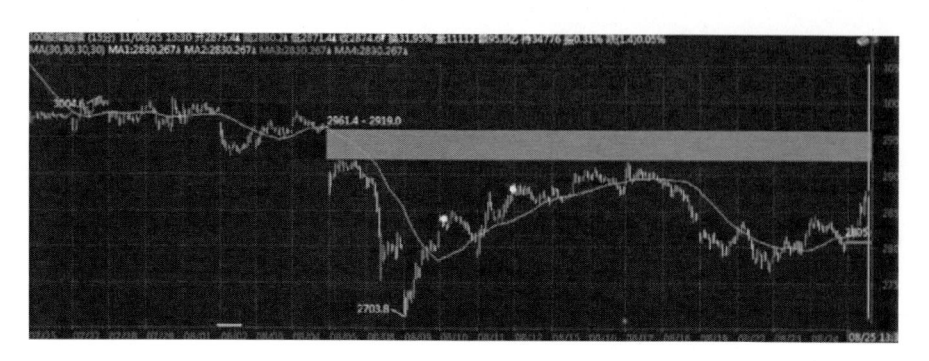

圖 2-33　第 8 筆交易使用寬止損

5. 原第 11 筆交易使用寬止損的對比

原第 11 筆交易見圖 2-11。

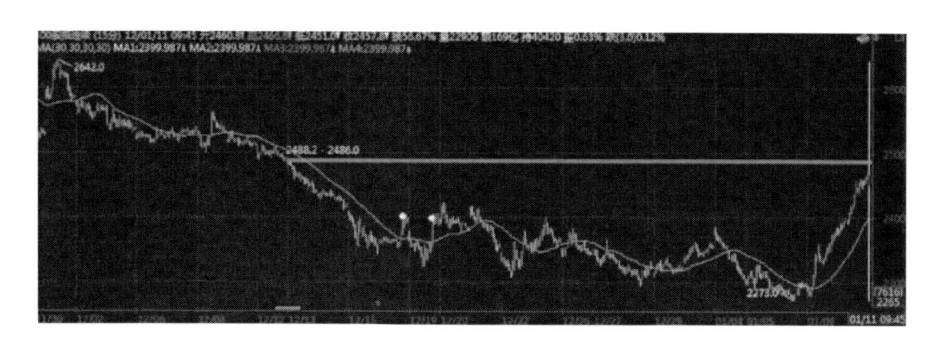

圖 2-11　第 11 筆交易

註：

交易次數	多空	開倉點位	止損點位	平倉點位
11	0	2,402	2,440	2,402

　　這筆交易原來賺 0，但如果使用寬止損到 2,430，就可以多賺 50 點，寬止損交易見圖 2-34。

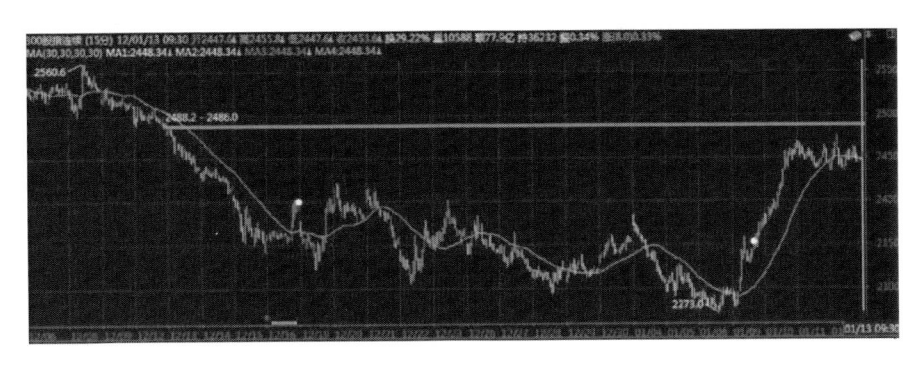

圖 2-34　第 11 筆交易使用寬止損

6. 原第 13 筆交易使用寬止損的對比

原第 13 筆交易見圖 2-13。

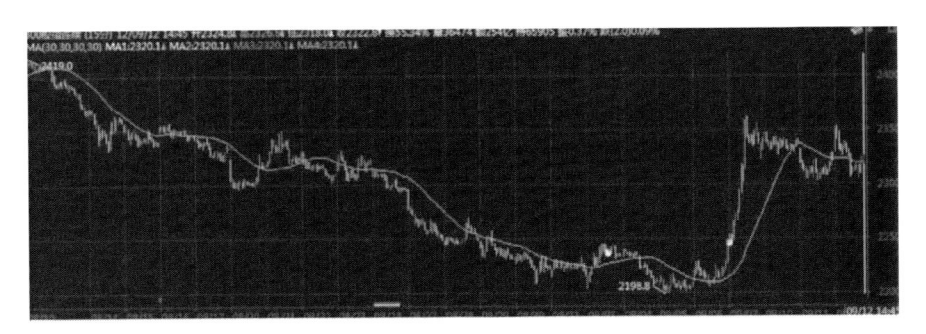

圖 2-13　第 13 筆交易

註：

交易次數	多空	開倉點位	止損點位	平倉點位
13	0	2,440	2,468	2,450

這筆交易使用寬止損會多輸 30 點，寬止損交易見圖 2-35。

第二章　科學止損　61

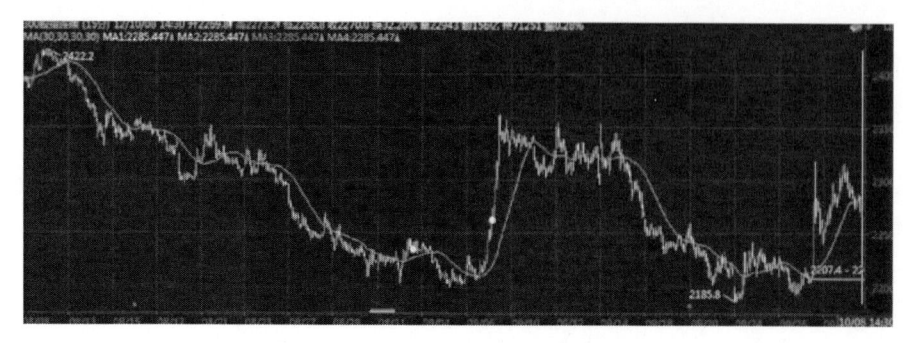

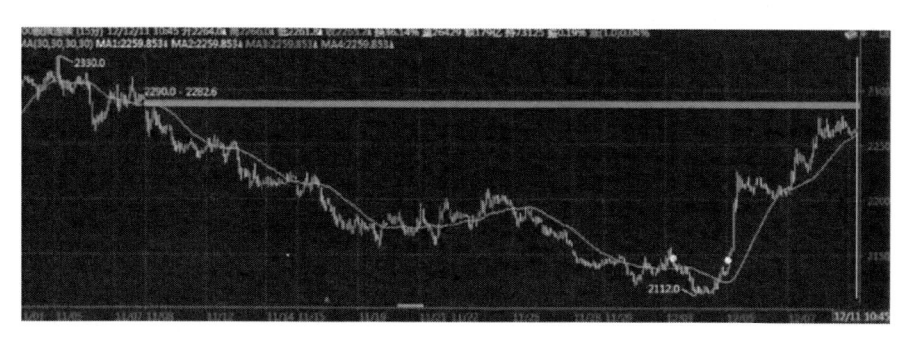

图 2-35　第 13 笔交易使用宽止损

7. 原第 14 笔交易使用宽止损的对比

原第 14 笔交易见图 2-14。

图 2-14　第 14 笔交易

註：

交易次数	多空	开仓点位	止损点位	平仓点位
14	0	2,146	2,168	2,146

这笔交易放宽止损会多输 30 点，宽止损交易见图 2-36。

图 2-36　第 14 笔交易使用宽止损

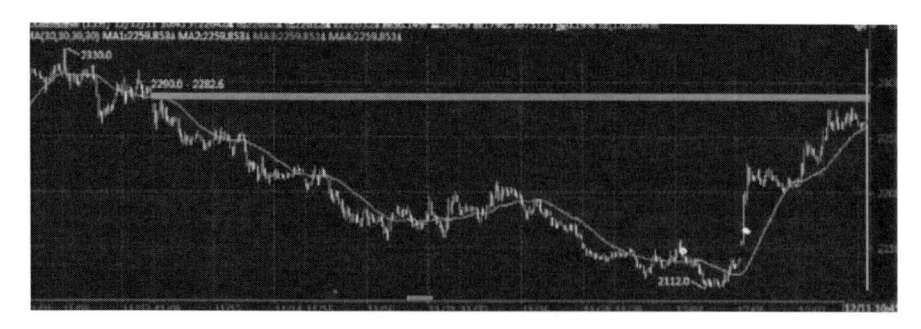

8. 原第 22 筆交易使用寬止損的對比

原第 22 筆交易見圖 2-22。

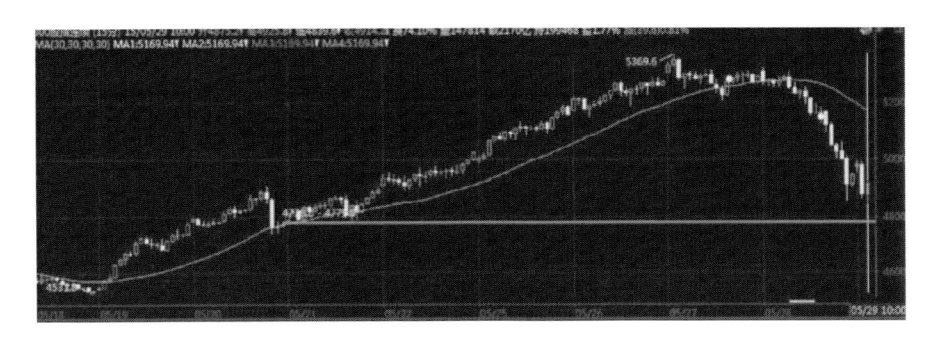

圖 2-22　第 22 筆交易

註：

交易次數	多空	開倉點位	止損點位	平倉點位
22	1	5,285	5,150	5,150

這筆交易放寬止損多輸 30 點。寬止損交易見圖 2-37。

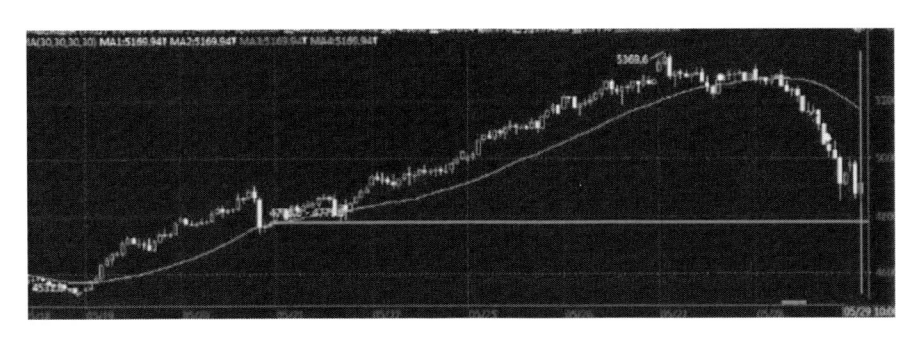

圖 2-37　第 22 筆交易使用寬止損

9. 原第 23 筆交易使用寬止損的對比

原第 23 筆交易見圖 2-23。

第二章　科學止損 | 63

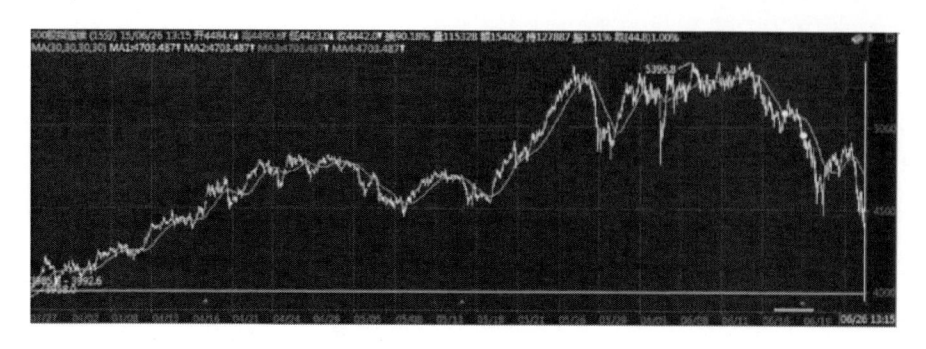

圖 2-23　第 23 筆交易

註:

交易次數	多空	開倉點位	止損點位	平倉點位
23	1	5,100	4,950	4,950

這筆交易放寬止損多虧 30 點。寬止損交易見圖 2-38。

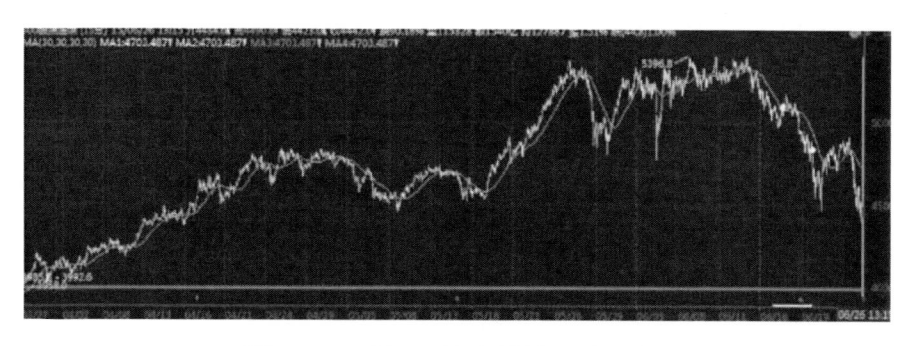

圖 2-38　第 23 筆交易使用寬止損

10. 原第 24 筆交易使用寬止損的對比

原第 24 筆交易見圖 2-24。

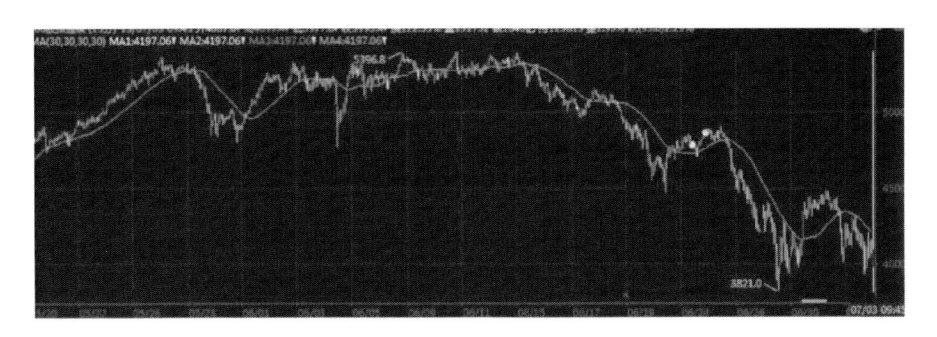

圖 2-24　第 24 筆交易

註：

交易次數	多空	開倉點位	止損點位	平倉點位
24	0	4,780	4,890	4,890

這筆交易放寬止損 30 點會多賺 390 點。寬止損交易見圖 2-39。

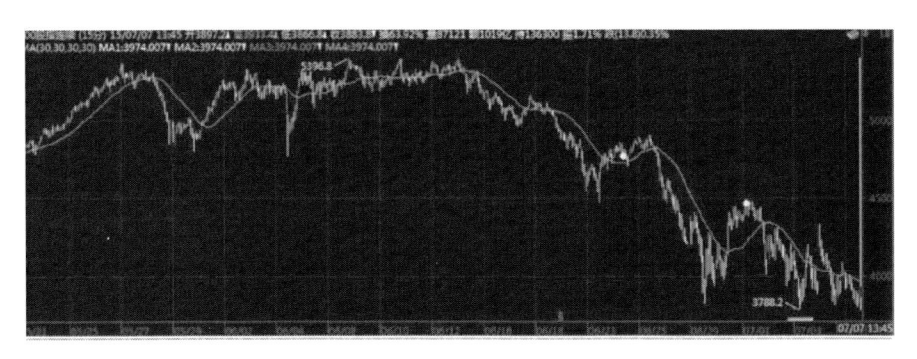

圖 2-39　第 24 筆交易使用寬止損

11. 原第 26 筆交易使用寬止損的對比

原第 26 筆交易見圖 2-26。

第二章　科學止損 | 65

圖 2-26　第 26 筆交易

註：

交易次數	多空	開倉點位	止損點位	平倉點位
26	0	4,161	4,350	4,350

這筆交易放寬止損會多輸 30 點。寬止損交易見圖 2-40。

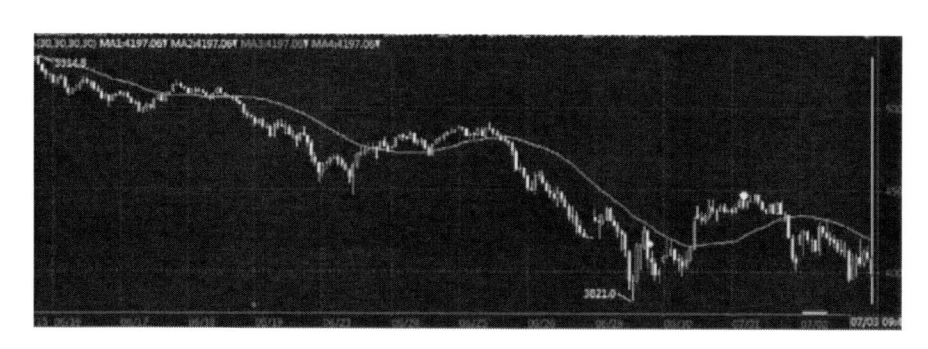

圖 2-40　第 26 筆交易使用寬止損

12. 原第 28 筆交易使用寬止損的對比

原第 28 筆交易見圖 2-28。

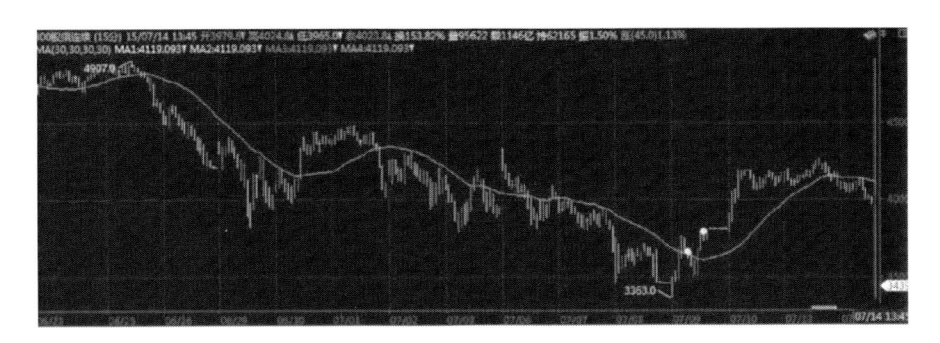

圖 2-28　第 28 筆交易

註：

交易次數	多空	開倉點位	止損點位	平倉點位
28	0	3,620	3,800	3,800

這筆交易放寬止損會多輸 30 點。寬止損交易見圖 2-41。

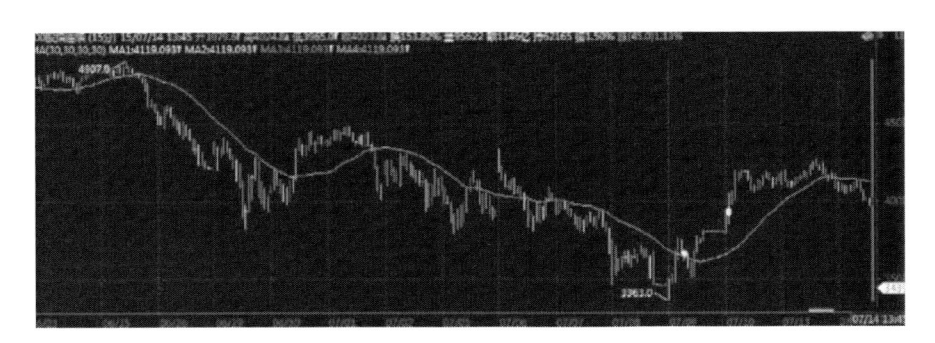

圖 2-41　第 28 筆交易使用寬止損

13. 原第 29 筆交易使用寬止損的對比

原第 29 筆交易見圖 2-29。

第二章　科學止損 | 67

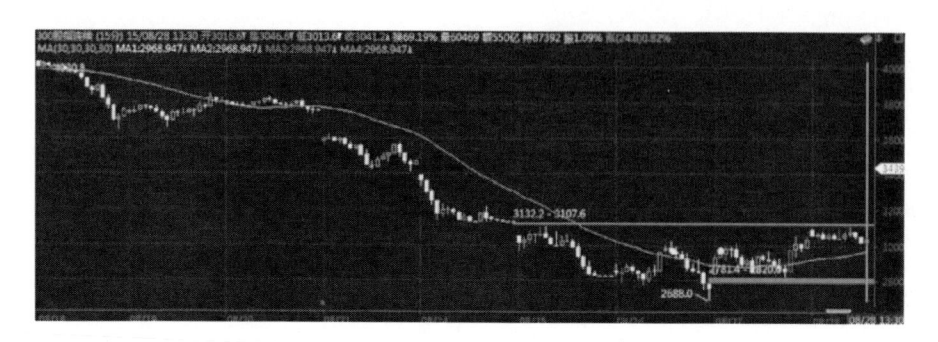

圖 2-29　第 29 筆交易

註：

交易次數	多空	開倉點位	止損點位	平倉點位
29	0	2,974	3,100	2,974

這筆交易放寬止損會多輸 30 點。寬止損交易見圖 2-42。

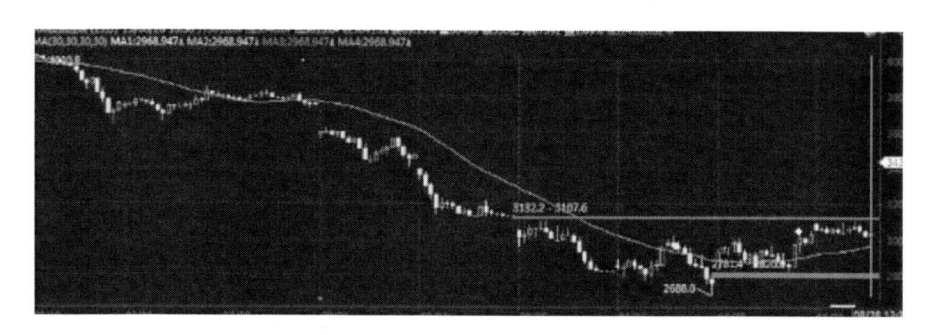

圖 2-42　第 29 筆交易使用寬止損

（二）綜合分析

通過加大初始和盤整的止損，13 次原來的錯誤交易中有 3 筆可以扭虧為盈，其中 2 筆大盈，分別比原來的窄止損多賺 370 點、50 點和 390 點，合計 810 點，但同時還有 10 次繼續虧損而且由於加大止損虧損比以前更大，10 次合計為加大虧損 355 點，綜合來看提高止損使用寬止損可以改善總的交易成績 455 點，改善效果顯著。

第三章　科學止盈

期貨交易中和止損相對應的一個操作是止盈，止盈的不同設置有不同的效果，它是一個值得交易者認真思考的問題。

第一節　止盈概述

一、止盈的含義和作用

（一）止盈的含義
止盈是在盈利狀況下依據一定理由結束交易的行為。
（二）止盈的作用
1. 實現交易目的
當實現開倉時的交易目的時就可以落袋為安了。
2. 避免利潤大的回吐
行情的走勢經常反覆，止盈的實施可以避免利潤大的回吐。

二、止盈的類型

1. 目標價止盈
目標價止盈是指當價格運行到開倉時的目標價位就實施平倉的措施，這種目標位可以是心理的，也可以是技術分析的。

2. 技術位止盈

依據技術分析，可能面臨支撐或壓制時可以考慮技術位止盈。

3. 開倉或持有理由不存在后止盈

這是指依據供求關係進行的開倉，持有一段時問后供需情況逆轉后平倉。

4. 跟蹤止盈

跟蹤止盈是當盈利后價格波動運行，使用不斷遠離成本的波峰或波谷作為最新的止盈位。

第二節　如何科學止盈

一、使用寬止盈而不是窄止盈

寬止盈優於窄止盈的原因首先是窄止盈導致的交易次數太多而要付出較多的手續費和滑點，其次是窄止盈對期貨價格的隨機波動的抵抗力較差，導致窄止盈喪失捕捉大的趨勢的機會。

二、根據不斷變化的行情進行跟蹤止盈

跟蹤止盈是一種較為科學的止盈方法，特別是對簡單趨勢的捕捉能力較強。跟蹤止盈特別適合走勢反覆的交易背景。由於我國的期貨市場的未來行情的變化趨勢就是行情越來越難做，所以跟蹤止盈的效果較好。

三、技術位止盈要加較大緩衝

技術位止盈是許多期貨交易者使用的交易技術，凡是被散戶大量使用的交易技術就很可能被主力莊家所利用。主力莊家的交易困難是很難以較小的衝擊成本找到大量的交易對手，所

以被廣大散戶所信任和使用的技術圖形和形態就成為莊家設立陷阱的最佳時候，所以一定要加大緩衝去捕捉大趨勢。

第三節　科學止盈案例

本節採用股指連續從 2010 年 4 月 16 日至 2015 年 10 月 26 日的 15 分鐘數據，使用突破交易模型來驗證對於 15 分鐘股指的最佳開倉和止盈方法。數據來源於金字塔行情軟件。增加最佳開倉方式的目的是幫助大家解決開倉的最優化問題。

一、突破模型簡介

（1）只做趨勢行情中的順勢突破,不做盤整區域中間的突破。
（2）V 型反轉開始的順勢突破不做，但順勢空間夠大可以做。
（3）寬幅順勢突破一般不做,但如果有更小級別的盤整則要做。
（4）背離圖形的突破不做。

二、研究內容

（1）提前 2 點開倉、盤中確認開倉、收盤確認這三種開倉到底哪一種更好？圖 3-1 是三種開倉點的示意圖。

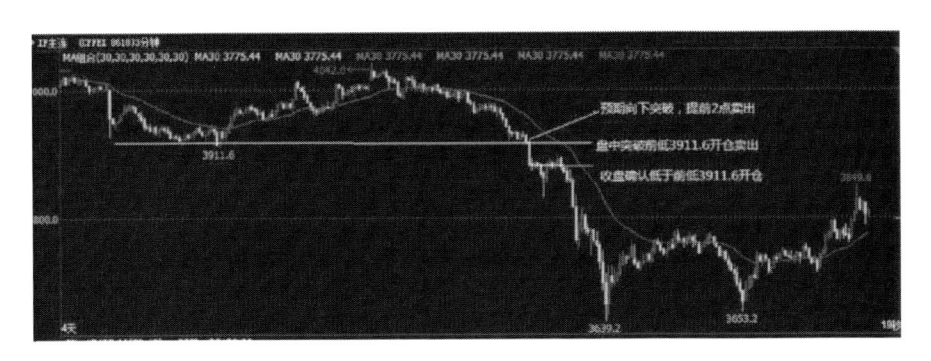

圖 3-1　三種開倉點示意圖

（2）四種盈利方法哪一種最好？這四種方法是：

①依據趨勢線被破平倉，見圖3-2。

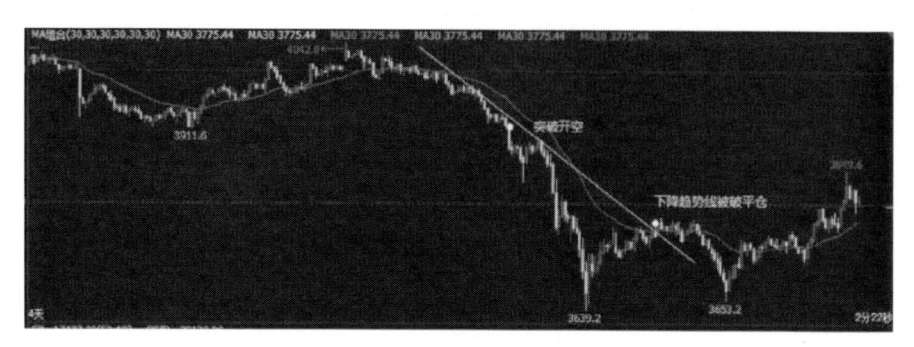

圖3-2　趨勢線被破平倉

②依據形態被破平倉，見圖3-3。

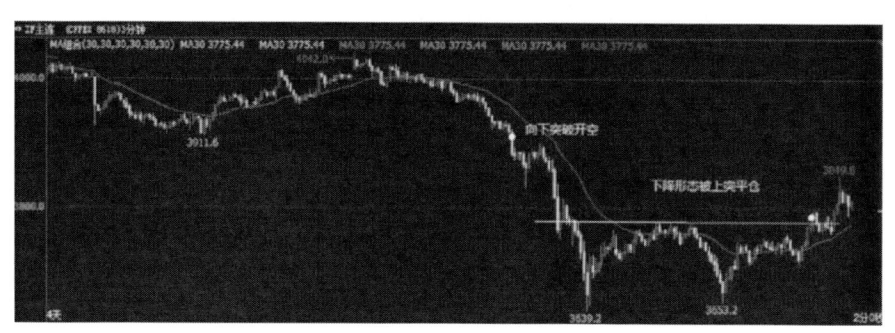

圖3-3　形態被破平倉

③依據止盈目標位為止損的1倍平倉，見圖3-4。

④依據止盈目標位為止損的2倍平倉，見圖3-4。

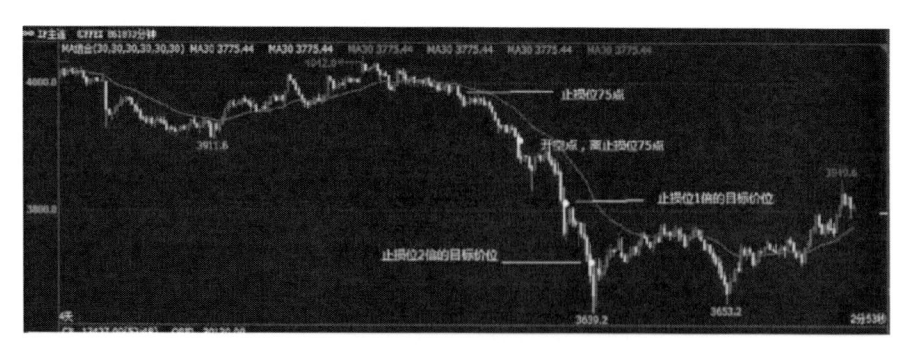

圖3-4　止盈位為止損距離的1倍和2倍平倉

三、交易詳細記錄

(一) 記錄說明

(1) 多空欄0表示開倉方向為空，1表示開倉方向為多。

(2) 技術過濾需要的點位是為了獲得后續最優過濾設計時需要的參數，有些交易記錄中「技術過濾需要的點」和「過濾后收益」為空的原因是這些交易基本都是虧損，採用一般的過濾點位都會輸得更多，而且不好填寫具體過濾需要的點，所以就沒有填。

下面是每一筆的詳細交易記錄

第1筆交易，見圖3-5。

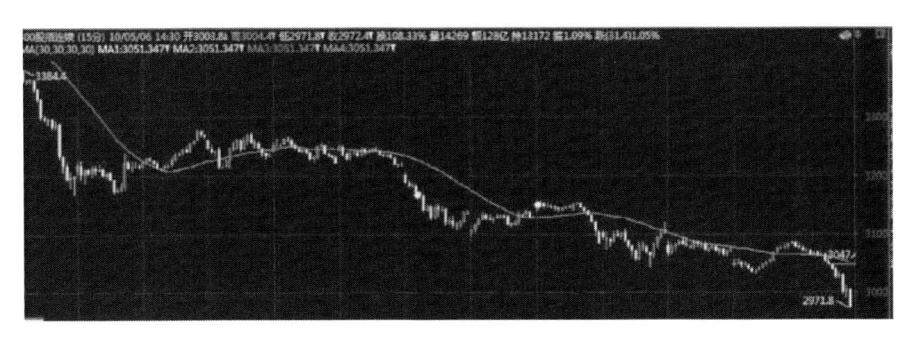

圖3-5　第1筆交易

註：

多空	次數	提前2點	盤中突破確認	收盤確認	趨勢線被破	形態被破	技術過濾需要的點	過濾後收益	止損點位1倍目標價	止損點位2倍目標價
0	1	3,173	3,171	3,167	3,135	3,150	9	3,110	40	80

第2筆交易，見圖3-6。

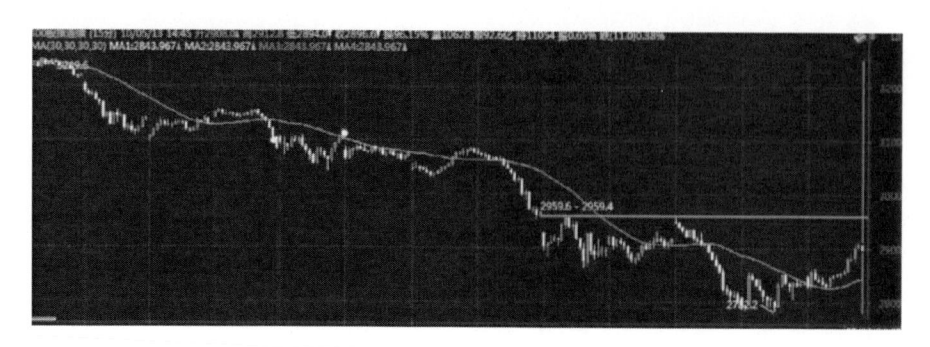

图 3-6　第 2 笔交易

註：

多空	次數	提前2點	盤中突破確認	收盤確認	趨勢線被破	形態被破	技術過濾需要的點	過濾后收益	止損點位1倍目標價	止損點位2倍目標價
0	2	3,101	3,099	3,085	3,092	3,111	13	2,867	60	120

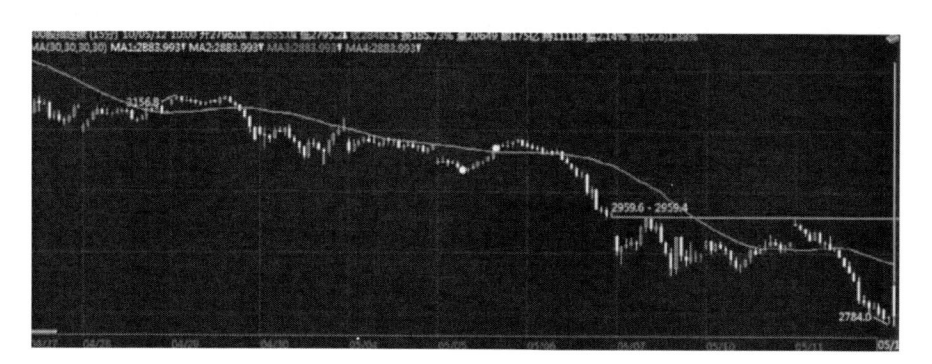

第 3 笔交易，见图 3-7。

图 3-7　第 3 笔交易

註：

多空	次數	提前2點	盤中突破確認	收盤確認	趨勢線被破	形態被破	技術過濾需要的點	過濾后收益	止損點位1倍目標價	止損點位2倍目標價
0	3	3,042	3,040	3,034	2,863	2,863			−29	−29

第 4 筆交易，見圖 3-8。

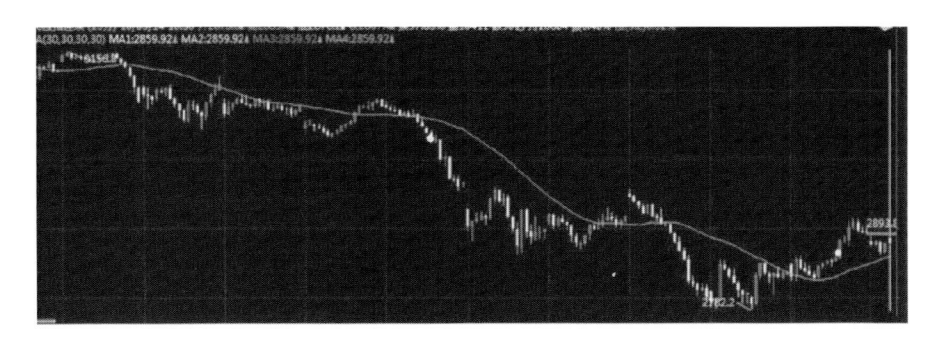

圖 3-8　第 4 筆交易

註：

多空	次數	提前2點	盤中突破確認	收盤確認	趨勢線被破	形態被破	技術過濾需要的點	過濾後收益	止損點位1倍目標價	止損點位2倍目標價
0	4	3,037	3,035	3,026	2,923	2,863			30	60

第 5 筆交易，見圖 3-9。

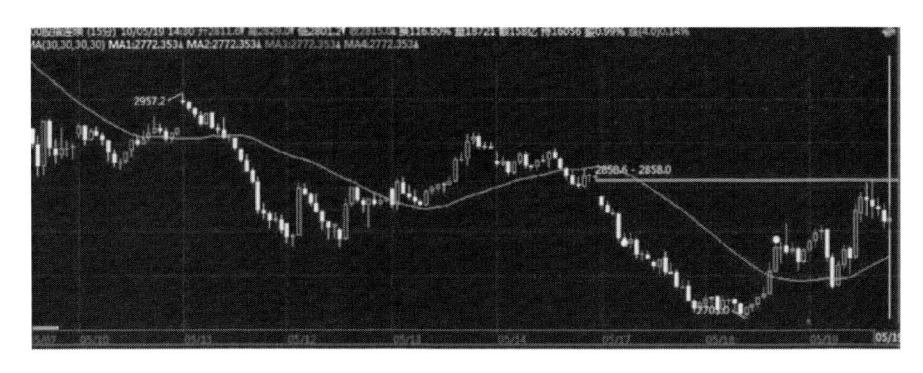

圖 3-9　第 5 筆交易

註：

多空	次數	提前2點	盤中突破確認	收盤確認	趨勢線被破	形態被破	技術過濾需要的點	過濾後收益	止損點位1倍目標價	止損點位2倍目標價
0	5	2,786	2,784	2,775	2,732	2,784			62	0

第三章　科學止盈 | 75

第 6 筆交易，見圖 3-10。

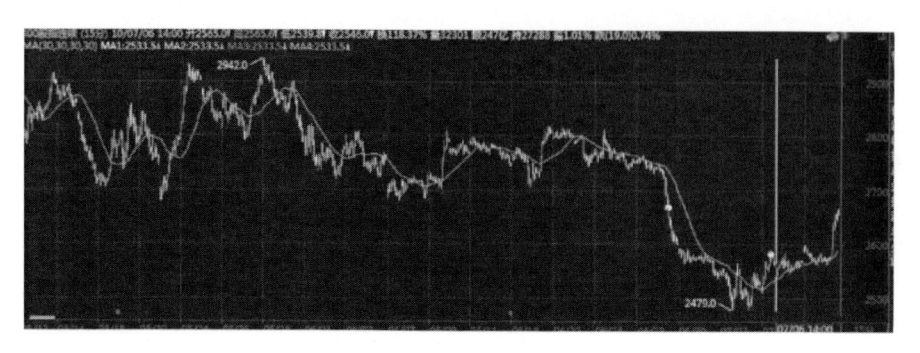

圖 3-10　第 6 筆交易

註：

多空	次數	提前2點	盤中突破確認	收盤確認	趨勢線被破	形態被破	技術過濾需要的點	過濾後收益	止損點位1倍目標價	止損點位2倍目標價
0	6	2,680	2,678	2,654	2,570	2,584			60	120

第 7 筆交易，見圖 3-11。

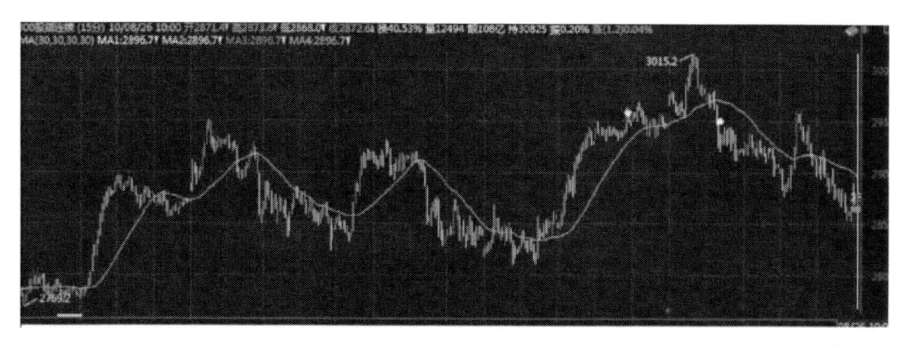

圖 3-11　第 7 筆交易

註：

多空	次數	提前2點	盤中突破確認	收盤確認	趨勢線被破	形態被破	技術過濾需要的點	過濾後收益	止損點位1倍目標價	止損點位2倍目標價
1	7	2,944	2,946	2,954	2,963	2,952			25	50

第 8 筆交易，見圖 3-12。

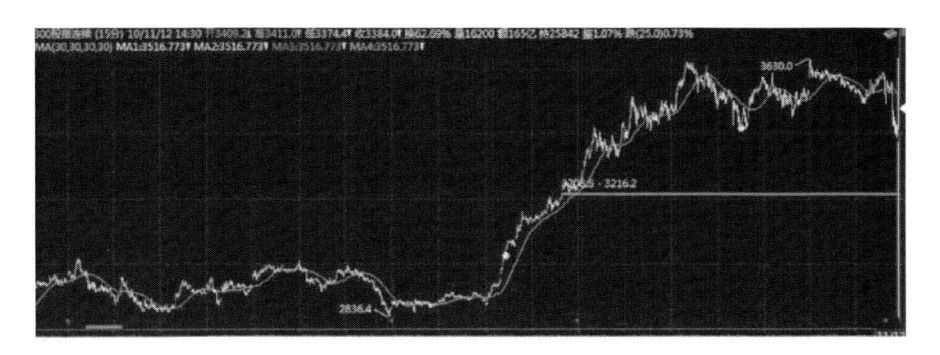

圖 3-12　第 8 筆交易

註：

多空	次數	提前2點	盤中突破確認	收盤確認	趨勢線被破	形態被破	技術過濾需要的點	過濾後收益	止損點位1倍目標價	止損點位2倍目標價
1	8	3,013	3,015	3,019	3,322	3,414	6	3,600	50	100

第 9 筆交易，見圖 3-13。

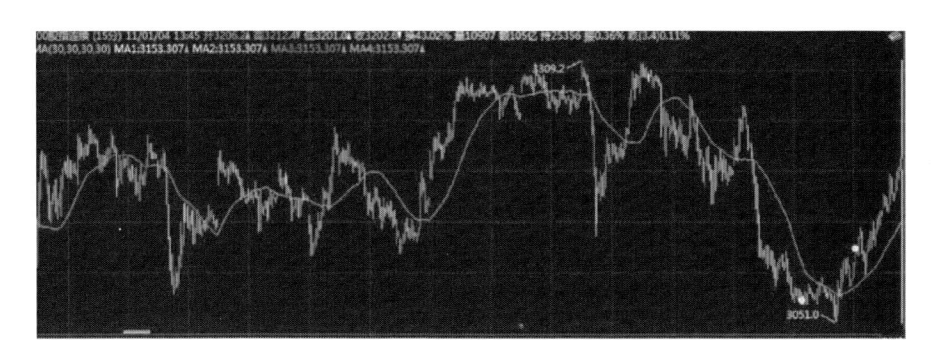

圖 3-13　第 9 筆交易

註：

多空	次數	提前2點	盤中突破確認	收盤確認	趨勢線被破	形態被破	技術過濾需要的點	過濾後收益	止損點位1倍目標價	止損點位2倍目標價
0	9	3,073	3,071	3,070	3,099	3,128			-57	-57

第 10 筆交易，見圖 3-14。

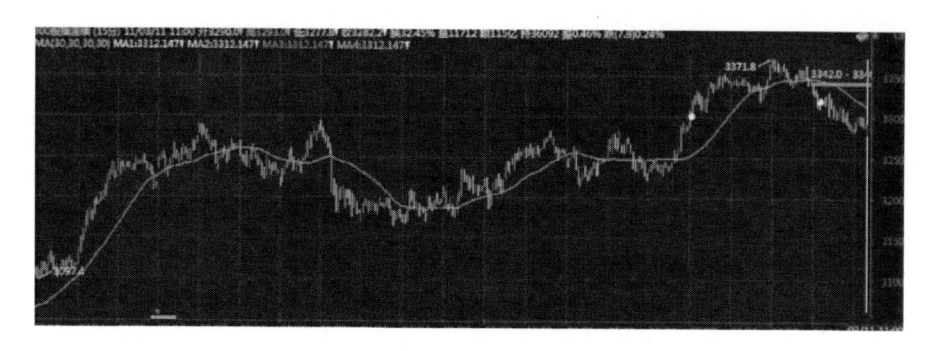

圖 3-14　第 10 筆交易

註：

多空	次數	提前2點	盤中突破確認	收盤確認	趨勢線被破	形態被破	技術過濾需要的點	過濾后收益	止損點位1倍目標價	止損點位2倍目標價
1	10	3,298	3,300	3,307	3,335	3,319			30	60

第 11 筆交易，見圖 3-15。

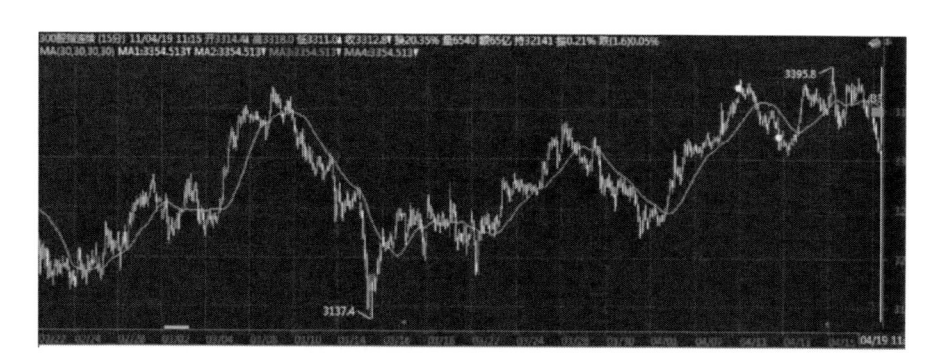

圖 3-15　第 11 筆交易

註：

多空	次數	提前2點	盤中突破確認	收盤確認	趨勢線被破	形態被破	技術過濾需要的點	過濾后收益	止損點位1倍目標價	止損點位2倍目標價
1	11	3,370	3,372	3,380	3,322	3,322			-50	-50

第 12 筆交易，見圖 3-16。

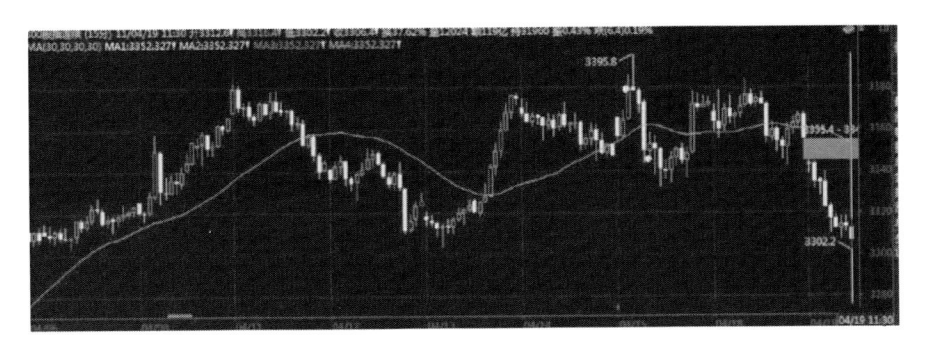

圖 3-16　第 12 筆交易

註：

多空	次數	提前2點	盤中突破確認	收盤確認	趨勢線被破	形態被破	技術過濾需要的點	過濾后收益	止損點位1倍目標價	止損點位2倍目標價
1	12	3,380	3,382	3,384	3,382	3,347			−35	−35

第 13 筆交易，見圖 3-17。

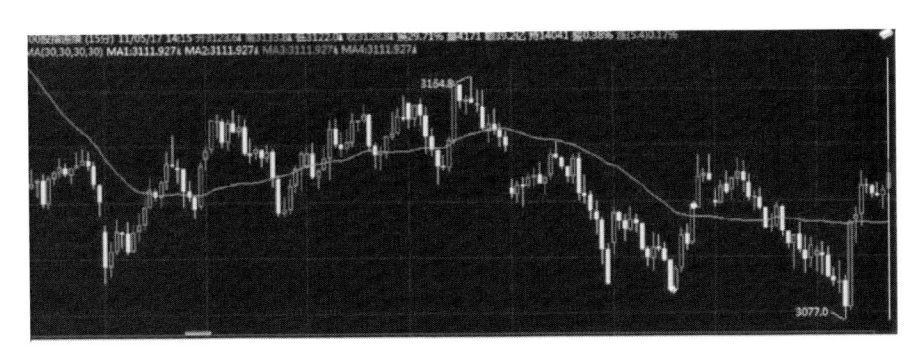

圖 3-17　第 13 筆交易

註：

多空	次數	提前2點	盤中突破確認	收盤確認	趨勢線被破	形態被破	技術過濾需要的點	過濾后收益	止損點位1倍目標價	止損點位2倍目標價
0	13	3,092	3,090	3,088	3,121	3,121			−31	−31

第 14 筆交易，見圖 3-18。

圖 3-18　第 14 筆交易

註：

多空	次數	提前2點	盤中突破確認	收盤確認	趨勢線被破	形態被破	技術過濾需要的點	過濾后收益	止損點位1倍目標價	止損點位2倍目標價
0	14	3,090	3,088	3,081	3,127	3,127			−39	−39

第 15 筆交易，見圖 3-19。

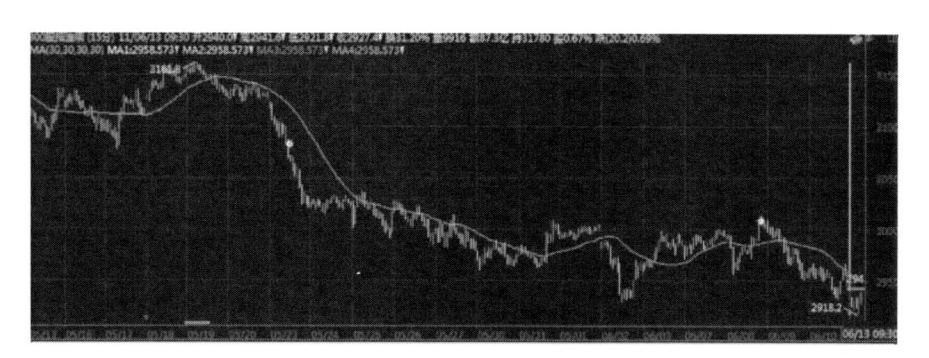

圖 3-19　第 15 筆交易

註：

多空	次數	提前2點	盤中突破確認	收盤確認	趨勢線被破	形態被破	技術過濾需要的點	過濾后收益	止損點位1倍目標價	止損點位2倍目標價
0	15	3,079	3,077	3,069	3,030	3,010	6	2,940	40	80

第 16 筆交易，見圖 3-20。

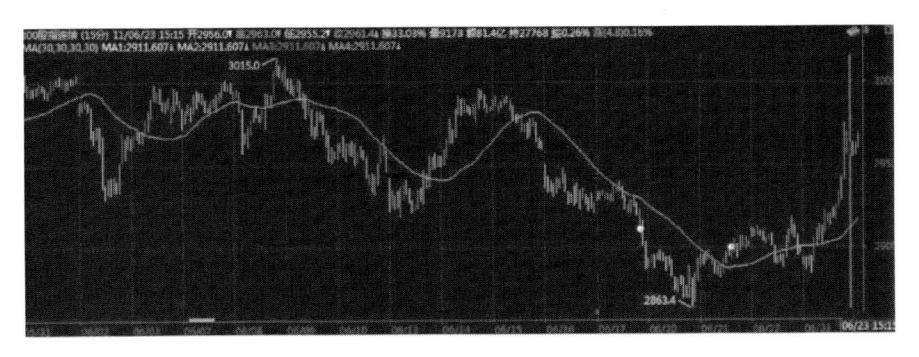

圖 3-20　第 16 筆交易

註：

多空	次數	提前2點	盤中突破確認	收盤確認	趨勢線被破	形態被破	技術過濾需要的點	過濾後收益	止損點位1倍目標價	止損點位2倍目標價
0	16	2,920	2,918	2,915	2,900	2,900			23	46

第 17 筆交易，見圖 3-21。

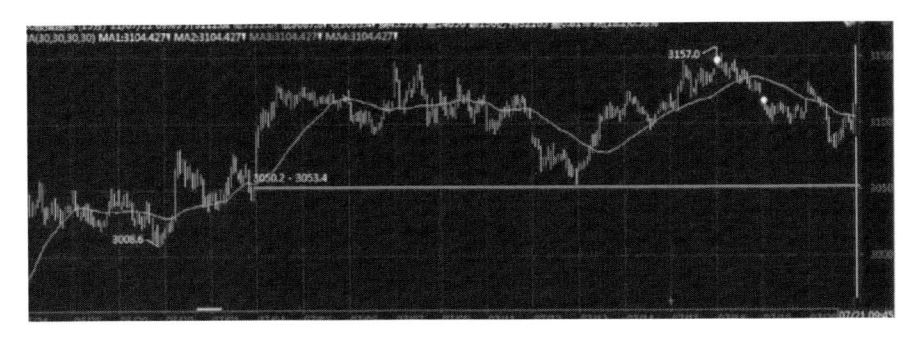

圖 3-21　第 17 筆交易

註：

多空	次數	提前2點	盤中突破確認	收盤確認	趨勢線被破	形態被破	技術過濾需要的點	過濾後收益	止損點位1倍目標價	止損點位2倍目標價
1	17	3,145	3,147	3,147	3,115	3,115			−30	−30

第三章　科學止盈

第 18 筆交易，見圖 3-22。

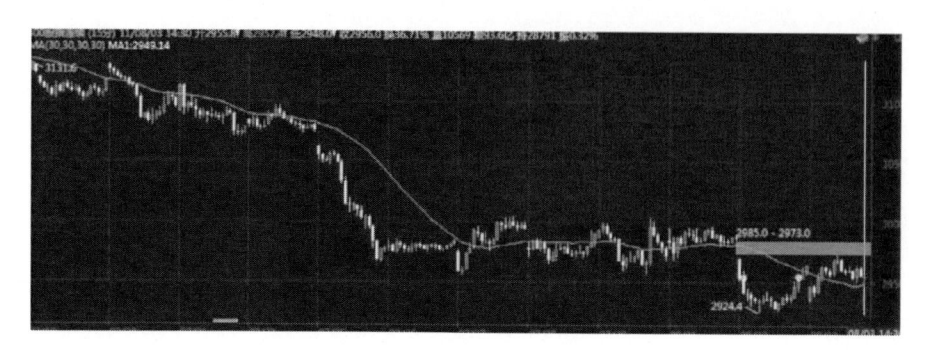

圖 3-22　第 18 筆交易

註：

多空	次數	提前2點	盤中突破確認	收盤確認	趨勢線被破	形態被破	技術過濾需要的點	過濾后收益	止損點位1倍目標價	止損點位2倍目標價
0	18	2,957	2,955	2,954	2,955	2,955			30	0

第 19 筆交易，見圖 3-23。

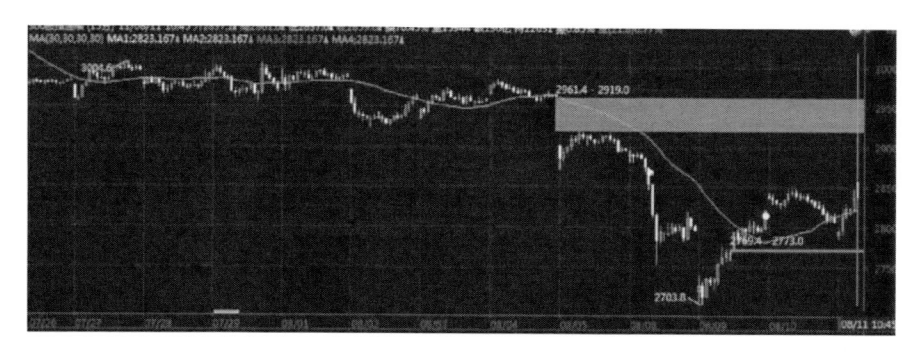

圖 3-23　第 19 筆交易

註：

多空	次數	提前2點	盤中突破確認	收盤確認	趨勢線被破	形態被破	技術過濾需要的點	過濾后收益	止損點位1倍目標價	止損點位2倍目標價
0	19	2,874	2,872	2,853	2,800	2,820			45	90

第 20 筆交易，見圖 3-24。

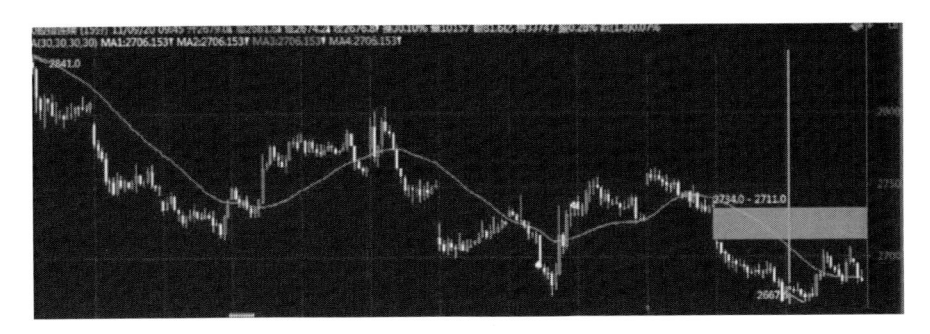

圖 3-24　第 20 筆交易

註：

多空	次數	提前2點	盤中突破確認	收盤確認	趨勢線被破	形態被破	技術過濾需要的點	過濾後收益	止損點位1倍目標價	止損點位2倍目標價
0	20	2,705	2,703	2,696	2,736	2,736			−33	−33

第 21 筆交易，見圖 3-25。

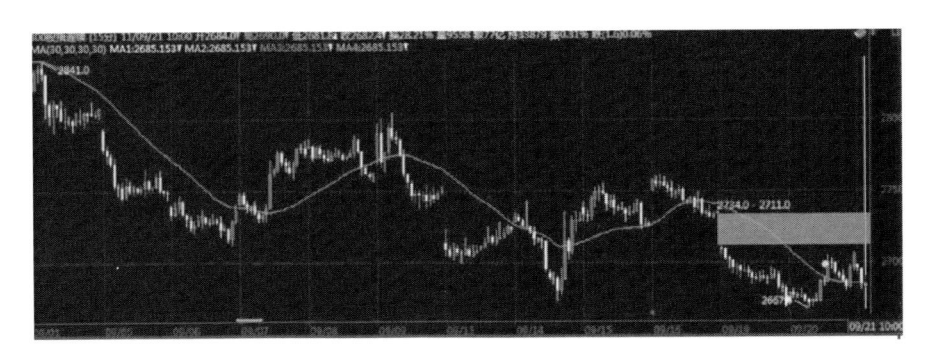

圖 3-25　第 21 筆交易

註：

多空	次數	提前2點	盤中突破確認	收盤確認	趨勢線被破	形態被破	技術過濾需要的點	過濾後收益	止損點位1倍目標價	止損點位2倍目標價
0	21	2,676	2,674	2,669	2,700	2,700			−26	−26

第三章　科學止盈

第 22 筆交易，見圖 3-26。

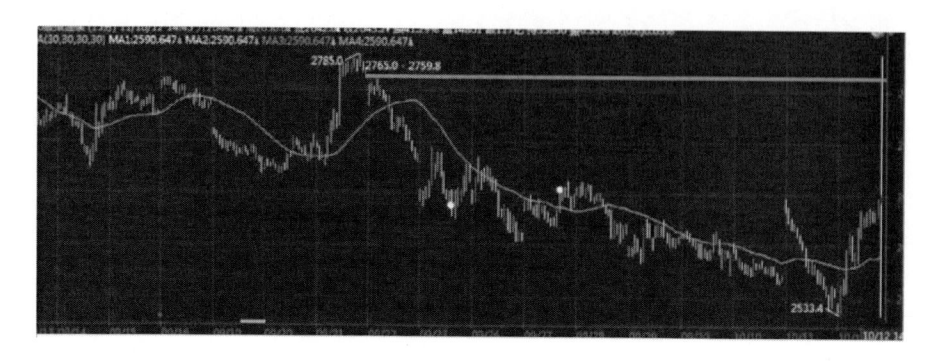

圖 3-26　第 22 筆交易

註：

多空	次數	提前2點	盤中突破確認	收盤確認	趨勢線被破	形態被破	技術過濾需要的點	過濾后收益	止損點位1倍目標價	止損點位2倍目標價
0	22	2,641	2,639	2,630	2,651	2,651			50	100

第 23 筆交易，見圖 3-27。

圖 3-27

註：

多空	次數	提前2點	盤中突破確認	收盤確認	趨勢線被破	形態被破	技術過濾需要的點	過濾后收益	止損點位1倍目標價	止損點位2倍目標價
0	23	2,637	2,635	2,631	2,644	2,551			0	0

第 24 筆交易，見圖 3-28。

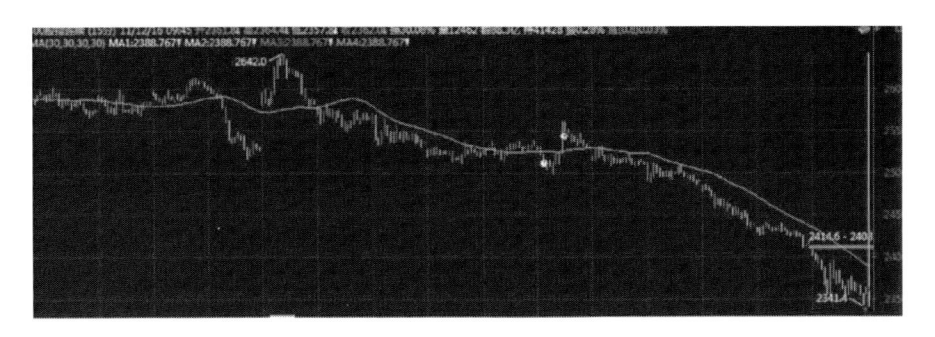

图 3-28　第 24 筆交易

註：

多空	次數	提前2點	盤中突破確認	收盤確認	趨勢線被破	形態被破	技術過濾需要的點	過濾后收益	止損點位1倍目標價	止損點位2倍目標價
0	24	2,516	2,514	2,510	2,539	2,539	22	2,400	-25	-25

第 25 筆交易，見圖 3-29。

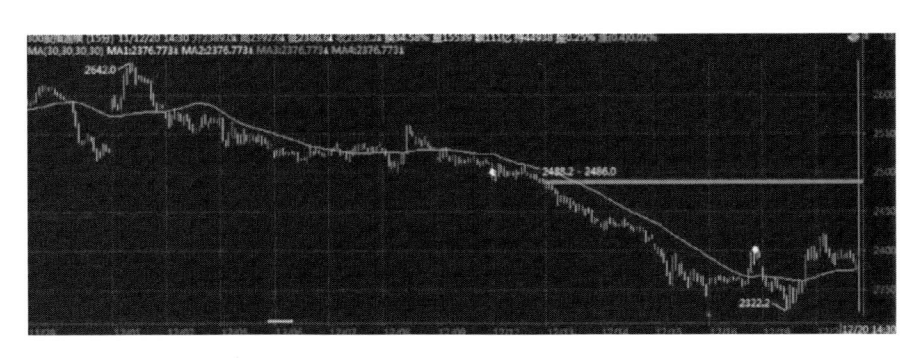

图 3-29　第 25 筆交易

註：

多空	次數	提前2點	盤中突破確認	收盤確認	趨勢線被破	形態被破	技術過濾需要的點	過濾后收益	止損點位1倍目標價	止損點位2倍目標價
0	25	2,502	2,500	2,495	2,400	2,400			25	50

第三章　科學止盈

第 26 筆交易，見圖 3-30。

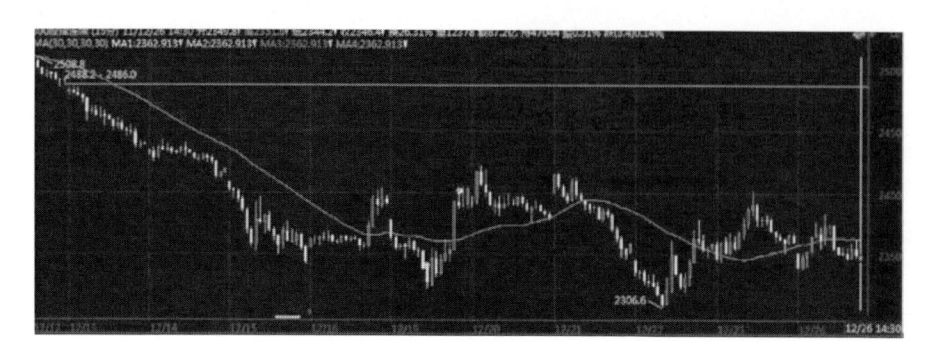

圖 3-30　第 26 筆交易

註：

多空	次數	提前2點	盤中突破確認	收盤確認	趨勢線被破	形態被破	技術過濾需要的點	過濾後收益	止損點位1倍目標價	止損點位2倍目標價
0	26	2,345	2,343	2,339	2,404	2,404			-61	-61

第 27 筆交易，見圖 3-31。

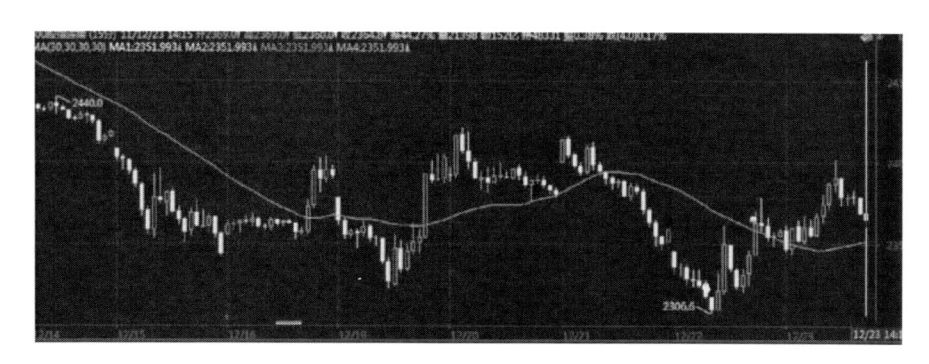

圖 3-31　第 27 筆交易

註：

多空	次數	提前2點	盤中突破確認	收盤確認	趨勢線被破	形態被破	技術過濾需要的點	過濾後收益	止損點位1倍目標價	止損點位2倍目標價
0	27	2,304	2,322	2,317	2,368	2,368			-46	-46

第 28 筆交易，見圖 3-32。

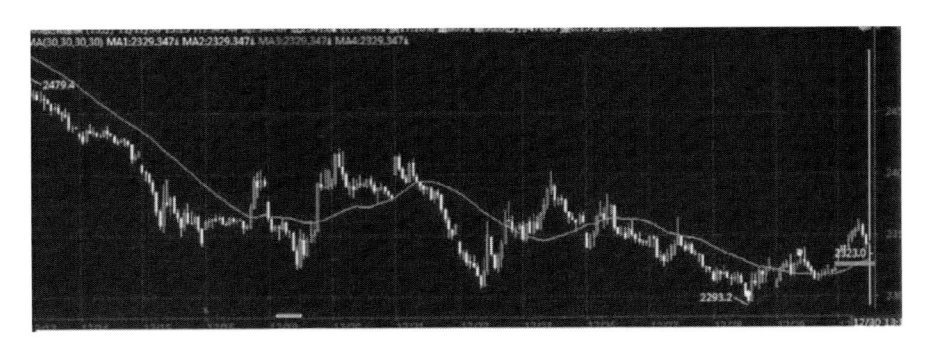

圖 3-32　第 28 筆交易

註：

多空	次數	提前2點	盤中突破確認	收盤確認	趨勢線被破	形態被破	技術過濾需要的點	過濾後收益	止損點位1倍目標價	止損點位2倍目標價
0	28	2,308	2,306	2,302	2,336	2,336			−30	−30

第 29 筆交易，見圖 3-33。

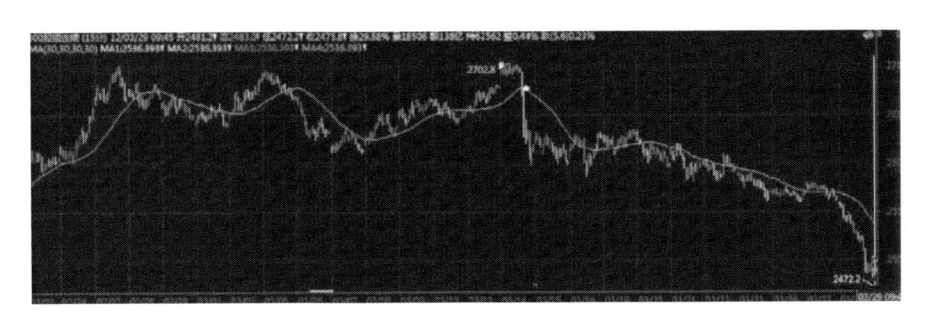

圖 3-33　第 29 筆交易

註：

多空	次數	提前2點	盤中突破確認	收盤確認	趨勢線被破	形態被破	技術過濾需要的點	過濾後收益	止損點位1倍目標價	止損點位2倍目標價
1	29	2,698	2,700	2,700	2,675	2,675			−25	−25

第 30 筆交易，見圖 3-34。

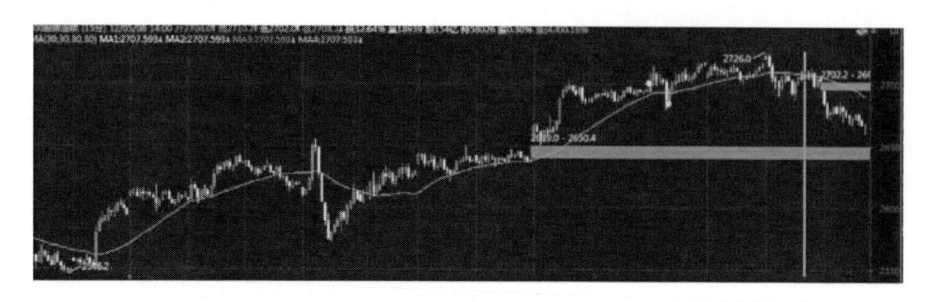

圖 3-34　第 30 筆交易

註：

多空	次數	提前2點	盤中突破確認	收盤確認	趨勢線被破	形態被破	技術過濾需要的點	過濾后收益	止損點位1倍目標價	止損點位2倍目標價
1	30	2,698	2,700	2,701	2,684	2,684	4	2,700	16	0

第 31 筆交易，見圖 3-35。

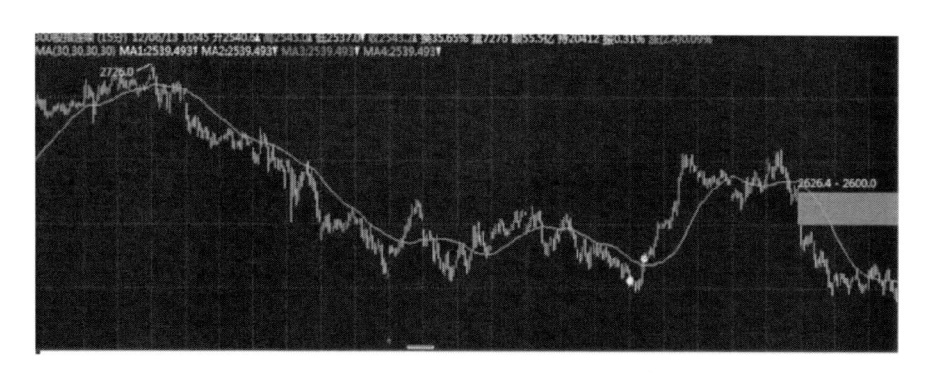

圖 3-35　第 31 筆交易

註：

多空	次數	提前2點	盤中突破確認	收盤確認	趨勢線被破	形態被破	技術過濾需要的點	過濾后收益	止損點位1倍目標價	止損點位2倍目標價
0	31	2,558	2,556	2,556	2,572	2,572			−16	−16

第32筆交易，見圖3-36。

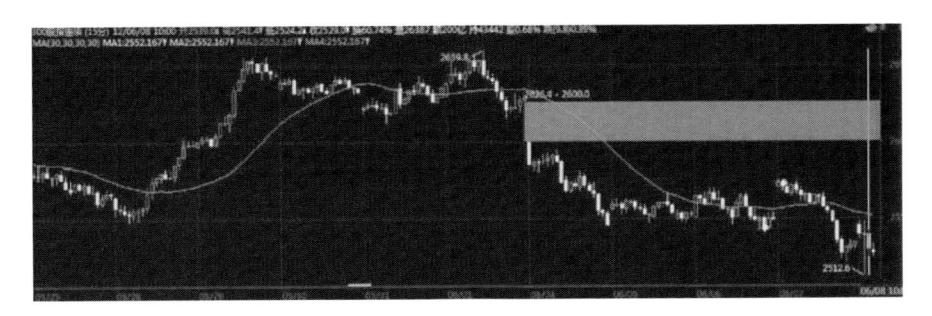

圖3-36 第32筆交易

註：

多空	次數	提前2點	盤中突破確認	收盤確認	趨勢線被破	形態被破	技術過濾需要的點	過濾后收益	止損點位1倍目標價	止損點位2倍目標價
0	32	2,545	2,543	2,541	2,573	2,573	6	2,550	-30	-30

第33筆交易，見圖3-37。

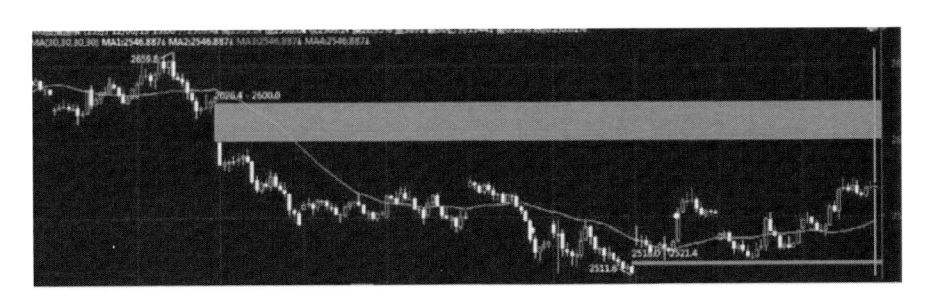

圖3-37 第33筆交易

註：

多空	次數	提前2點	盤中突破確認	收盤確認	趨勢線被破	形態被破	技術過濾需要的點	過濾后收益	止損點位1倍目標價	止損點位2倍目標價
0	33	2,542	2,540	2,536	2,550	2,550			30	0

第三章 科學止盈

第 34 筆交易，見圖 3-38。

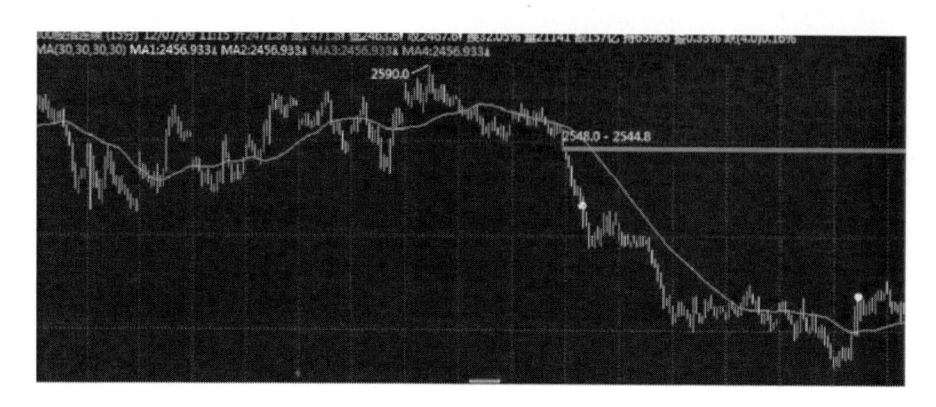

圖 3-38　第 34 筆交易

註：

多空	次數	提前2點	盤中突破確認	收盤確認	趨勢線被破	形態被破	技術過濾需要的點	過濾后收益	止損點位1倍目標價	止損點位2倍目標價
0	34	2,514	2,512	2,508	2,468	2,468			30	60

第 35 筆交易，見圖 3-39。

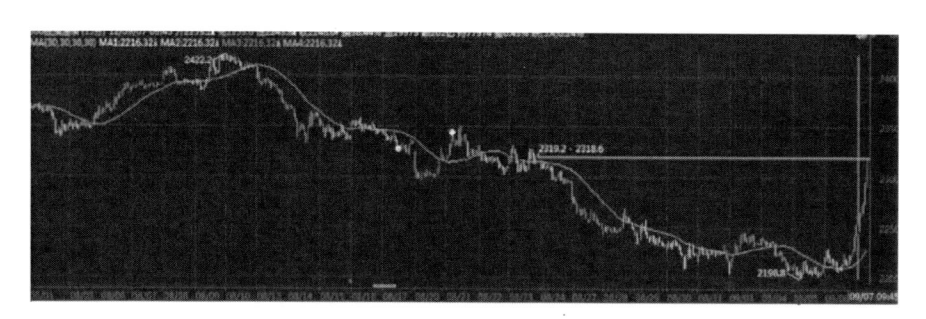

圖 3-39　第 35 筆交易

註：

多空	次數	提前2點	盤中突破確認	收盤確認	趨勢線被破	形態被破	技術過濾需要的點	過濾后收益	止損點位1倍目標價	止損點位2倍目標價
0	35	2,333	2,331	2,327	2,329	2,340	8	2,250	30	0

第 36 筆交易，見圖 3-40。

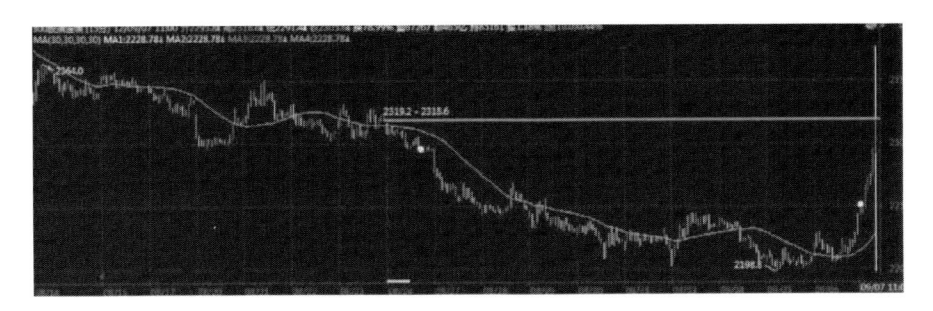

圖 3-40　第 36 筆交易

註：

多空	次數	提前2點	盤中突破確認	收盤確認	趨勢線被破	形態被破	技術過濾需要的點	過濾后收益	止損點位1倍目標價	止損點位2倍目標價
0	36	2,300	2,298	2,297	2,230	2,250			30	60

第 37 筆交易，見圖 3-41。

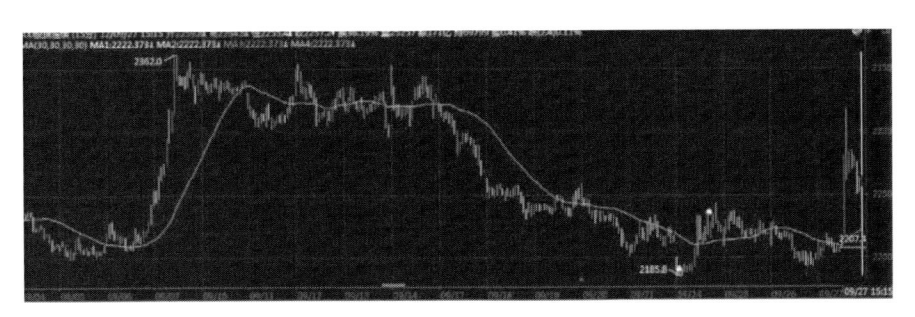

圖 3-41　第 37 筆交易

註：

多空	次數	提前2點	盤中突破確認	收盤確認	趨勢線被破	形態被破	技術過濾需要的點	過濾后收益	止損點位1倍目標價	止損點位2倍目標價
0	37	2,200	2,198	2,191	2,134	2,134			-43	-43

第三章　科學止盈

第 38 筆交易，見圖 3-42。

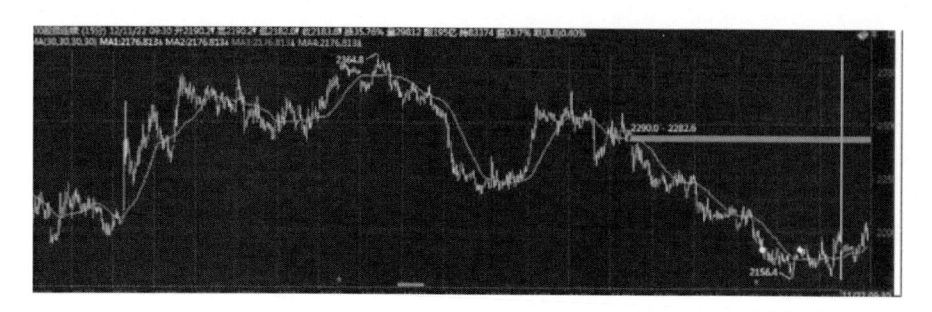

圖 3-42　第 38 筆交易

註：

多空	次數	提前2點	盤中突破確認	收盤確認	趨勢線被破	形態被破	技術過濾需要的點	過濾后收益	止損點位1倍目標價	止損點位2倍目標價
0	38	2,187	2,185	2,184	2,180	2,185			20	0

第 39 筆交易，見圖 3-43。

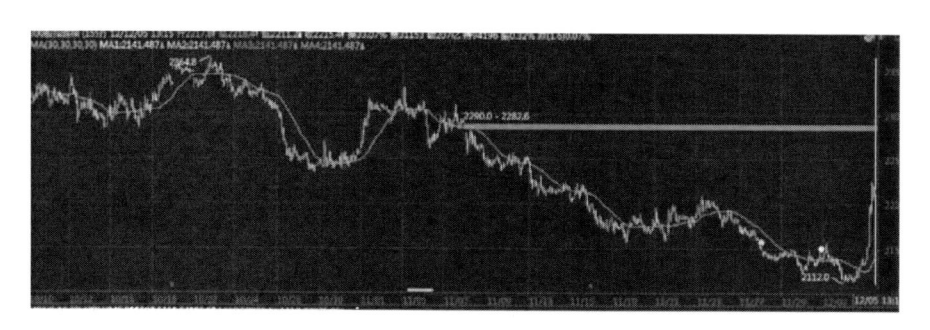

圖 3-43　第 39 筆交易

註：

多空	次數	提前2點	盤中突破確認	收盤確認	趨勢線被破	形態被破	技術過濾需要的點	過濾后收益	止損點位1倍目標價	止損點位2倍目標價
0	39	2,159	2,157	2,151	2,151	2,151			30	0

第 40 筆交易，見圖 3-44。

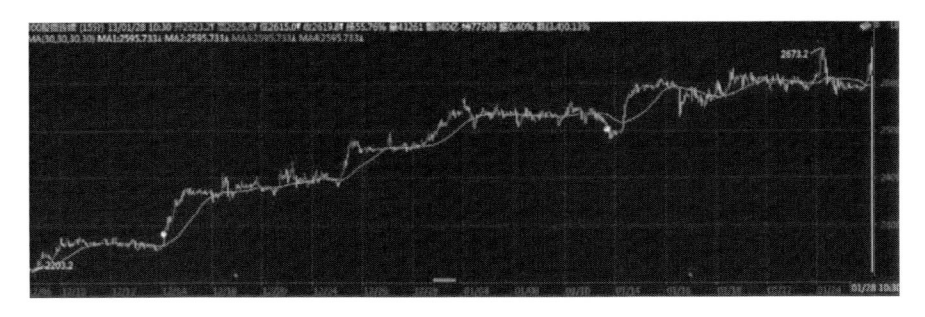

圖 3-44　第 40 筆交易

註：

多空	次數	提前2點	盤中突破確認	收盤確認	趨勢線被破	形態被破	技術過濾需要的點	過濾后收益	止損點位1倍目標價	止損點位2倍目標價
1	40	2,276	2,278	2,286	2,530	2,505			30	60

第 41 筆交易，見圖 3-45。

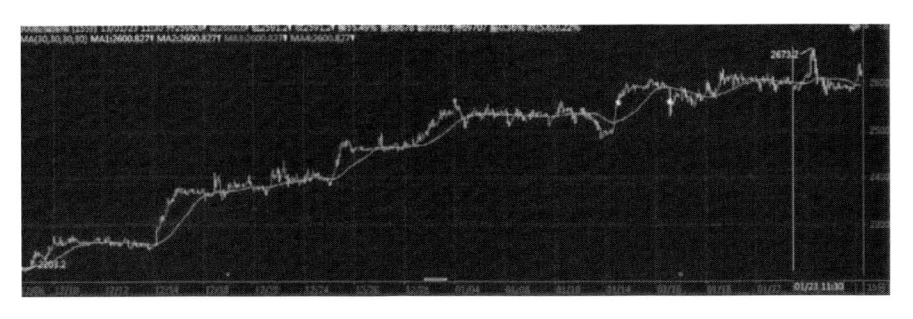

圖 3-45　第 41 筆交易

註：

多空	次數	提前2點	盤中突破確認	收盤確認	趨勢線被破	形態被破	技術過濾需要的點	過濾后收益	止損點位1倍目標價	止損點位2倍目標價
1	41	2,565	2,567	2,574	2,567	2,567			30	0

第三章　科學止盈

第 42 筆交易，見圖 3-46。

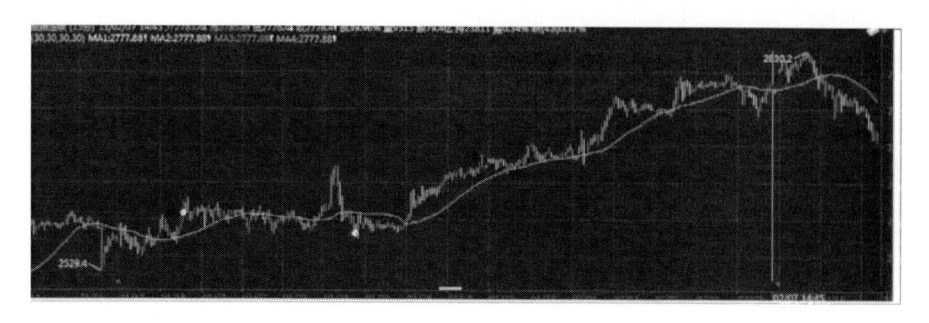

圖 3-46　第 42 筆交易

註：

多空	次數	提前2點	盤中突破確認	收盤確認	趨勢線被破	形態被破	技術過濾需要的點	過濾后收益	止損點位1倍目標價	止損點位2倍目標價
1	42	2,606	2,608	2,617	2,591	2,579			50	100

第 43 筆交易，見圖 3-47。

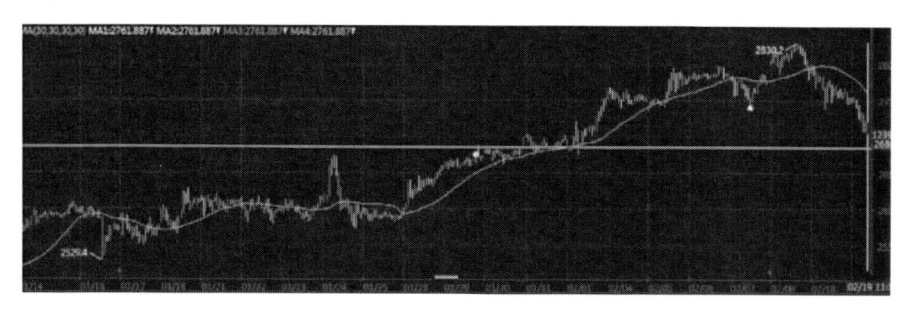

圖 3-47　第 43 筆交易

註：

多空	次數	提前2點	盤中突破確認	收盤確認	趨勢線被破	形態被破	技術過濾需要的點	過濾后收益	止損點位1倍目標價	止損點位2倍目標價
1	43	2,672	2,674	2,675	2,760	2,740			25	50

第 44 筆交易，見圖 3-48。

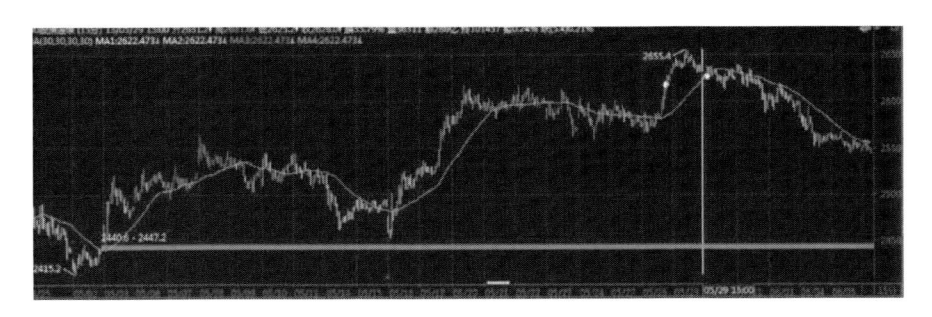

圖 3-48　第 44 筆交易

註：

多空	次數	提前2點	盤中突破確認	收盤確認	趨勢線被破	形態被破	技術過濾需要的點	過濾后收益	止損點位1倍目標價	止損點位2倍目標價
1	44	2,617	2,619	2,627	2,635	2,623			20	0

第 45 筆交易，見圖 3-49。

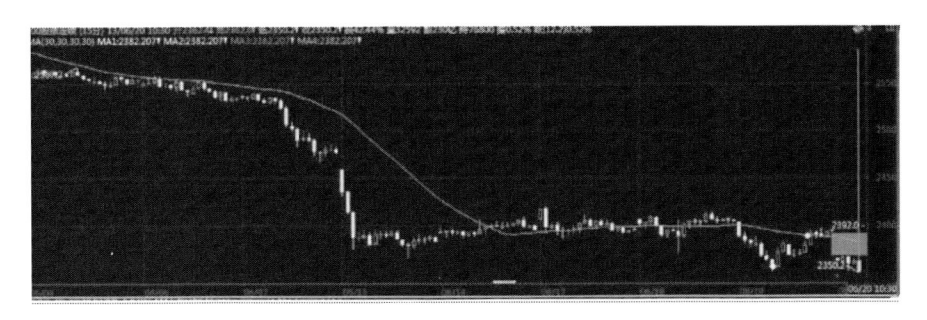

圖 3-49　第 45 筆交易

註：

多空	次數	提前2點	盤中突破確認	收盤確認	趨勢線被破	形態被破	技術過濾需要的點	過濾后收益	止損點位1倍目標價	止損點位2倍目標價
1	45	2,366	2,368	2,358	2,398	2,398			-30	-30

第三章　科學止盈　95

第 46 筆交易，見圖 3-50。

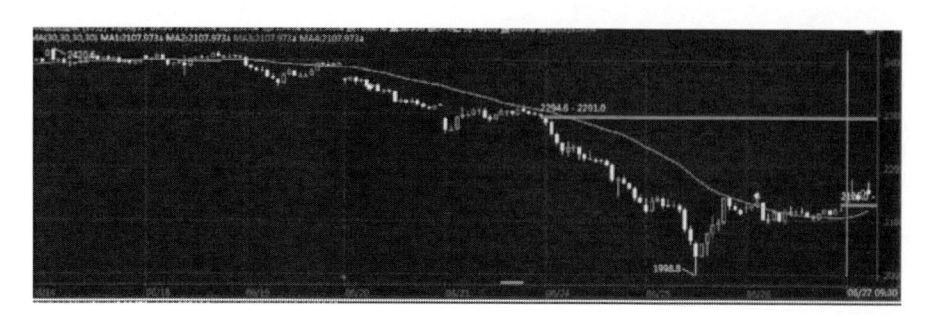

圖 3-50　第 46 筆交易

註：

多空	次數	提前2點	盤中突破確認	收盤確認	趨勢線被破	形態被破	技術過濾需要的點	過濾後收益	止損點位1倍目標價	止損點位2倍目標價
0	46	2,352	2,350	2,350	2,112	2,146			50	100

第 47 筆交易，見圖 3-51。

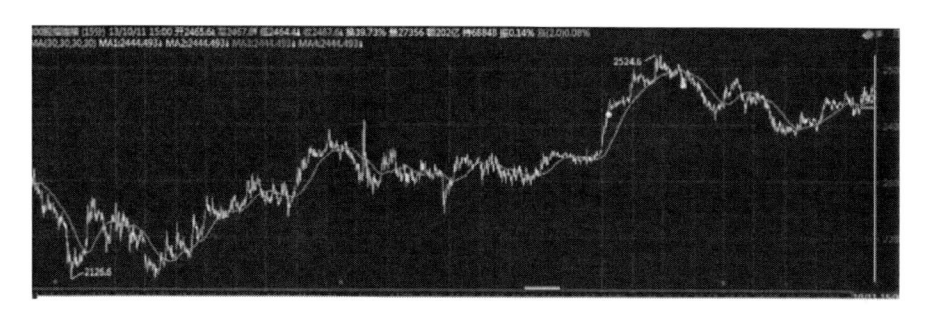

圖 3-51　第 47 筆交易

註：

多空	次數	提前2點	盤中突破確認	收盤確認	趨勢線被破	形態被破	技術過濾需要的點	過濾後收益	止損點位1倍目標價	止損點位2倍目標價
1	47	2,407	2,409	2,419	2,493	2,469			30	60

第 48 筆交易，見圖 3-52。

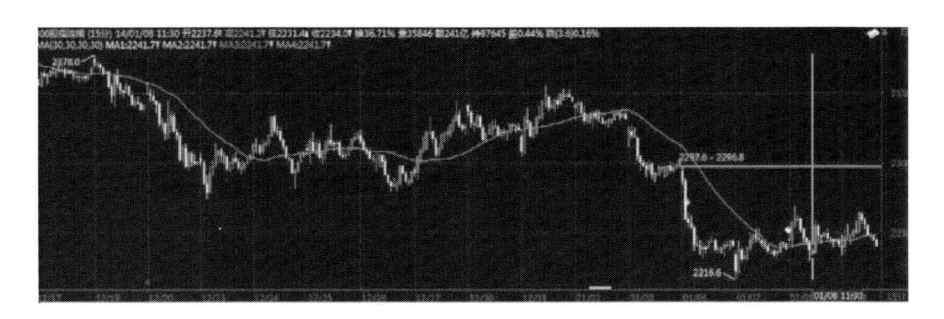

圖 3-52　第 48 筆交易

註：

多空	次數	提前2點	盤中突破確認	收盤確認	趨勢線被破	形態被破	技術過濾需要的點	過濾後收益	止損點位1倍目標價	止損點位2倍目標價
0	48	2,274	2,276	2,260	2,246	2,254			25	50

第 49 筆交易，見圖 3-53。

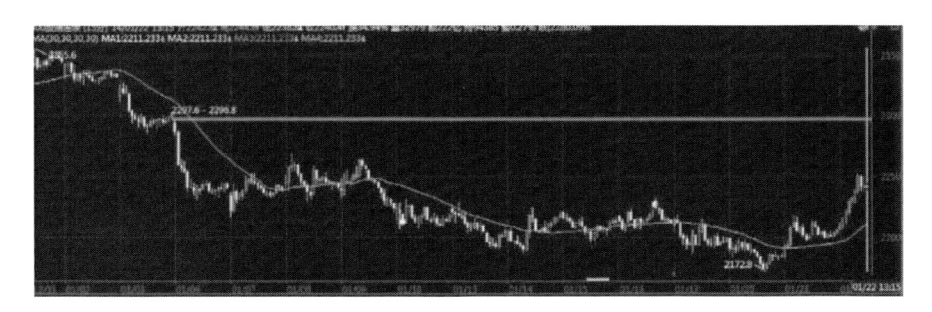

圖 3-53　第 49 筆交易

註：

多空	次數	提前2點	盤中突破確認	收盤確認	趨勢線被破	形態被破	技術過濾需要的點	過濾後收益	止損點位1倍目標價	止損點位2倍目標價
0	49	2,219	2,217	2,211	2,225	2,225			25	0

第三章　科學止盈

第 50 筆交易，見圖 3-54。

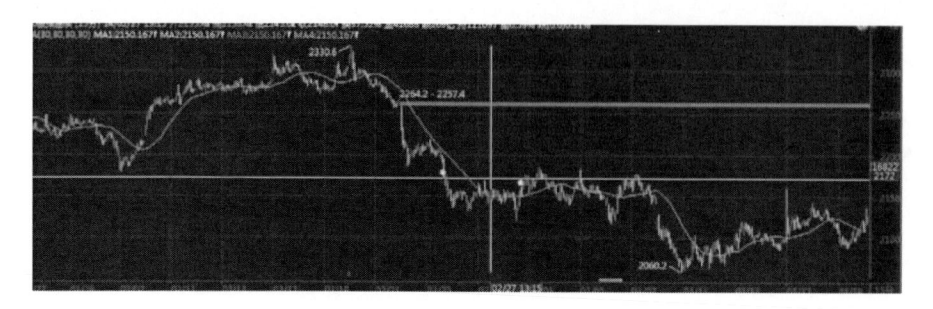

圖 3-54　第 50 筆交易

註：

多空	次數	提前2點	盤中突破確認	收盤確認	趨勢線被破	形態被破	技術過濾需要的點	過濾后收益	止損點位1倍目標價	止損點位2倍目標價
0	50	2,276	2,274	2,271	2,172	2,172			40	0

第 51 筆交易，見圖 3-55。

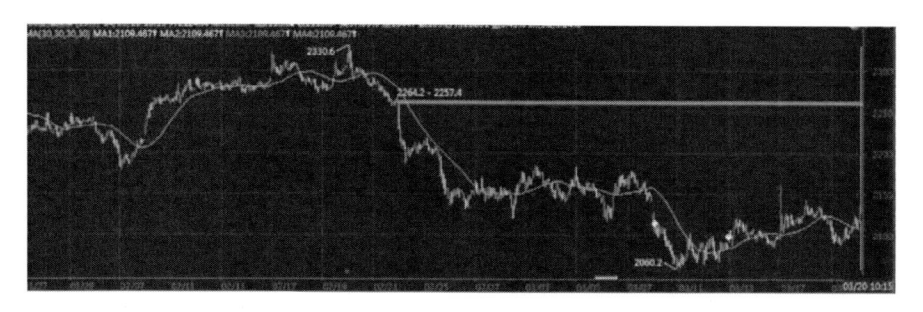

圖 3-55　第 51 筆交易

註：

多空	次數	提前2點	盤中突破確認	收盤確認	趨勢線被破	形態被破	技術過濾需要的點	過濾后收益	止損點位1倍目標價	止損點位2倍目標價
0	51	2,222	2,220	2,105	2,102	2,102			30	0

第 52 筆交易，見圖 3-56。

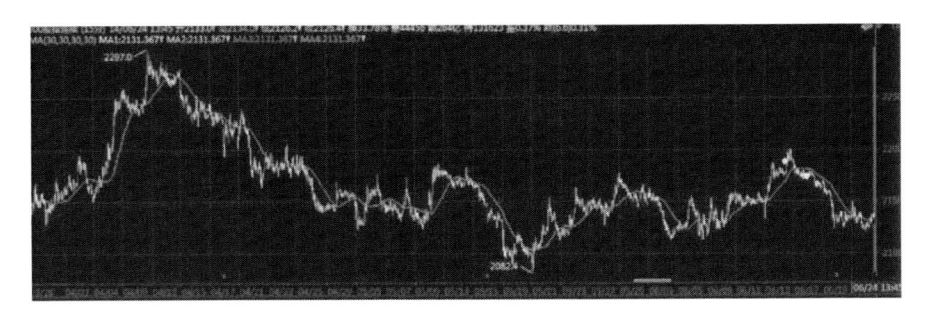

圖 3-56　第 52 筆交易

註：

多空	次數	提前2點	盤中突破確認	收盤確認	趨勢線被破	形態被破	技術過濾需要的點	過濾後收益	止損點位1倍目標價	止損點位2倍目標價
1	52	2,185	2,187	2,189	2,174	2,174			-13	-13

第 53 筆交易，見圖 3-57。

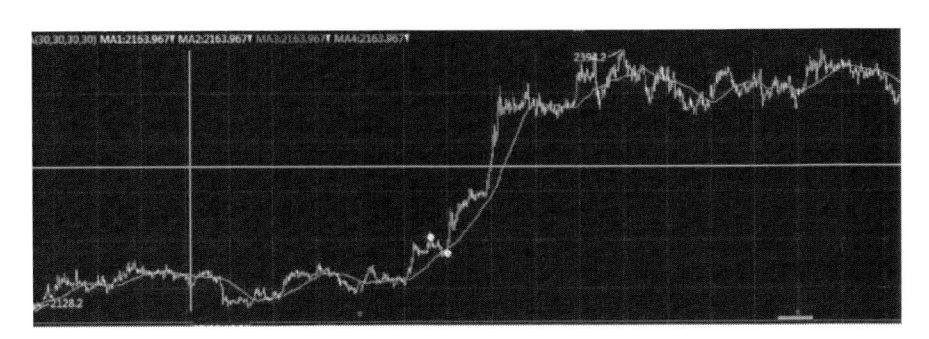

圖 3-57　第 53 筆交易

註：

多空	次數	提前2點	盤中突破確認	收盤確認	趨勢線被破	形態被破	技術過濾需要的點	過濾後收益	止損點位1倍目標價	止損點位2倍目標價
1	53	2,198	2,200	2,203	2,184	2,184	1	2,325	-16	-16

第三章　科學止盈 | 99

第 54 筆交易，見圖 3-58。

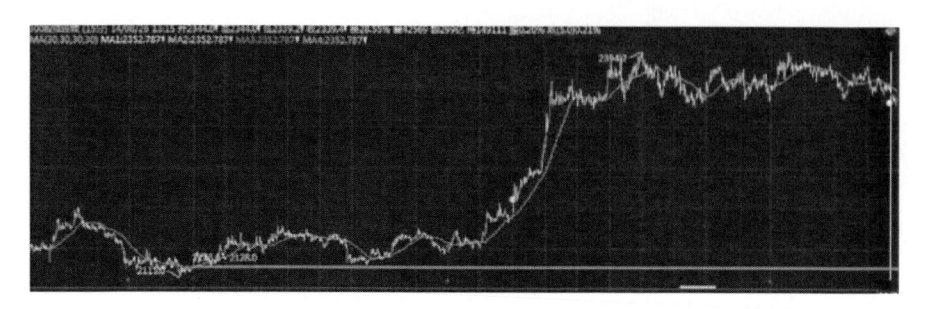

圖 3-58　第 54 筆交易

註：

多空	次數	提前2點	盤中突破確認	收盤確認	趨勢線被破	形態被破	技術過濾需要的點	過濾后收益	止損點位1倍目標價	止損點位2倍目標價
1	54	2,203	2,205	2,218	2,350	2,325	3	2,430	30	60

第 55 筆交易，見圖 3-59。

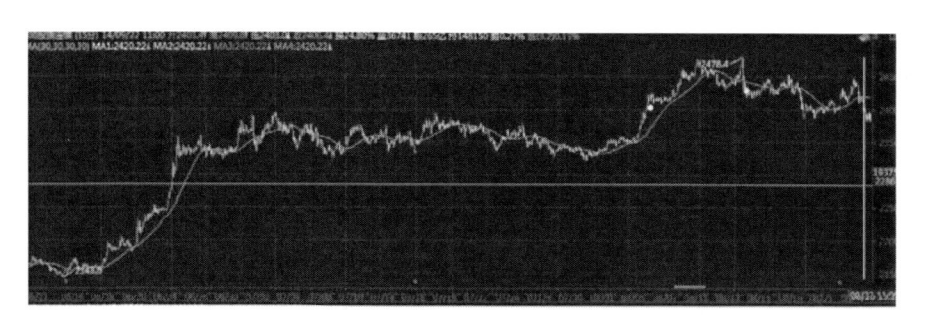

圖 3-59　第 55 筆交易

註：

多空	次數	提前2點	盤中突破確認	收盤確認	趨勢線被破	形態被破	技術過濾需要的點	過濾后收益	止損點位1倍目標價	止損點位2倍目標價
1	55	2,394	2,396	2,400	2,450	2,425			20	40

第 56 筆交易，見圖 3-60。

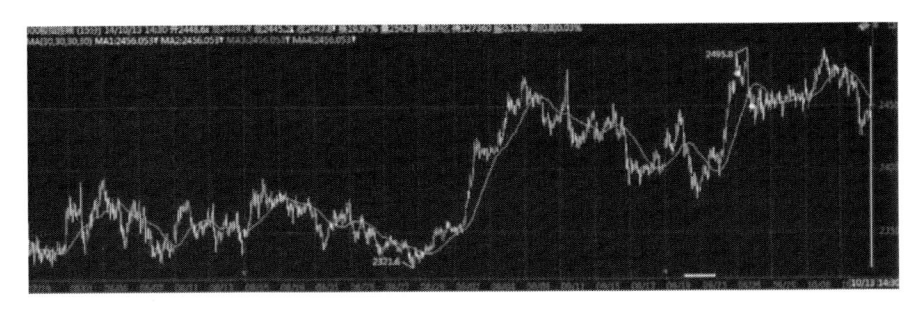

圖 3-60　第 56 筆交易

註：

多空	次數	提前2點	盤中突破確認	收盤確認	趨勢線被破	形態被破	技術過濾需要的點	過濾後收益	止損點位1倍目標價	止損點位2倍目標價
1	56	2,476	2,478	2,487	2,450	2,450			-28	-28

第 57 筆交易，見圖 3-61。

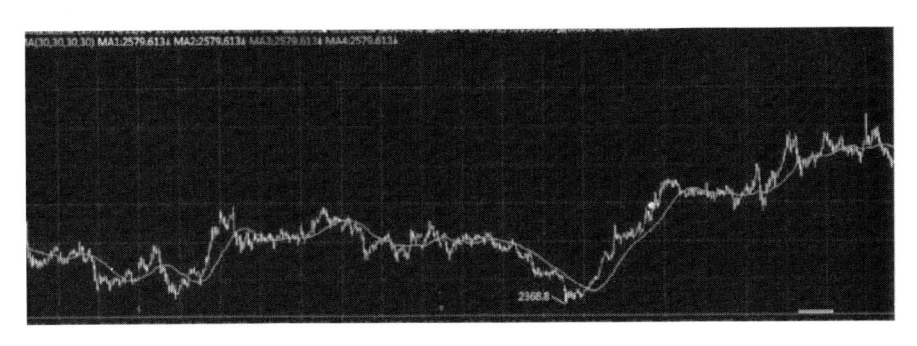

圖 3-61　第 57 筆交易

註：

多空	次數	提前2點	盤中突破確認	收盤確認	趨勢線被破	形態被破	技術過濾需要的點	過濾後收益	止損點位1倍目標價	止損點位2倍目標價
1	57	2,493	2,495	2,503	2,489	2,489	6	2,600	20	0

第三章　科學止盈

第 58 筆，見圖 3-62。

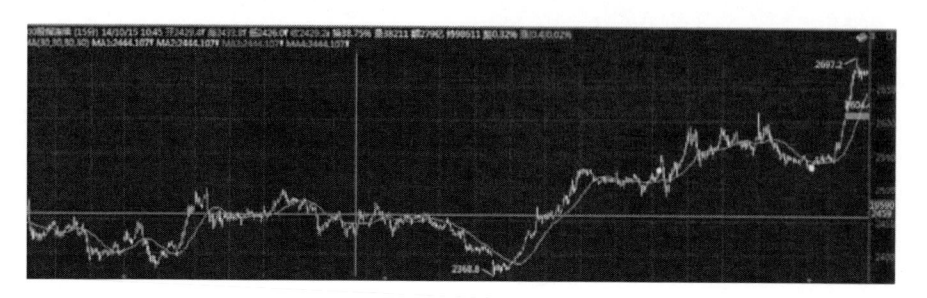

圖 3-62　第 58 筆交易

註：

多空	次數	提前2點	盤中突破確認	收盤確認	趨勢線被破	形態被破	技術過濾需要的點	過濾後收益	止損點位1倍目標價	止損點位2倍目標價
1	58	2,528	2,530	2,544	2,534	2,534	7	3,119	40	80

第 59 筆交易，見圖 3-63。

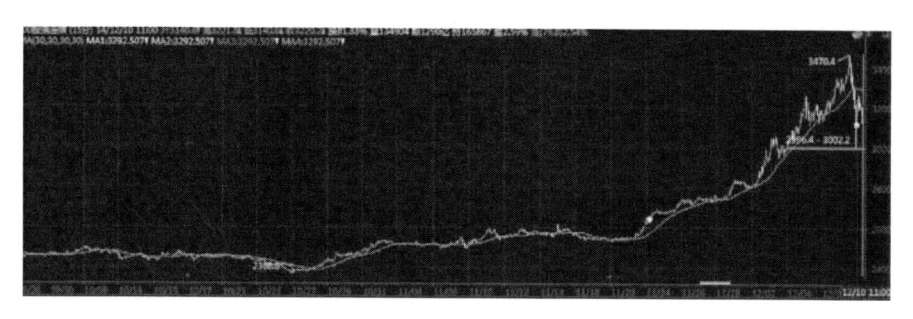

圖 3-63　第 59 筆交易

註：

多空	次數	提前2點	盤中突破確認	收盤確認	趨勢線被破	形態被破	技術過濾需要的點	過濾後收益	止損點位1倍目標價	止損點位2倍目標價
1	59	2,623	2,625	2,627	3,273	3,319			30	60

第 60 筆交易，見圖 3-64。

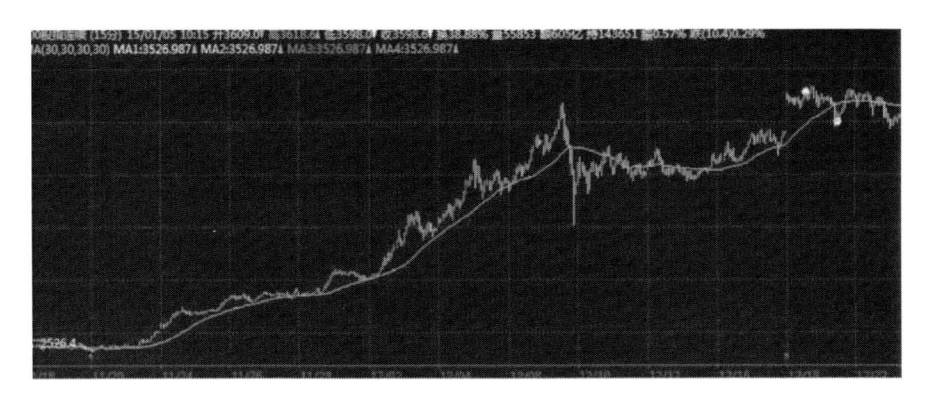

圖 3-64　第 60 筆交易

註：

多空	次數	提前2點	盤中突破確認	收盤確認	趨勢線被破	形態被破	技術過濾需要的點	過濾后收益	止損點位1倍目標價	止損點位2倍目標價
1	60	3,498	3,500	3,507	3,386	3,386			-114	-114

第 61 筆交易，見圖 3-65。

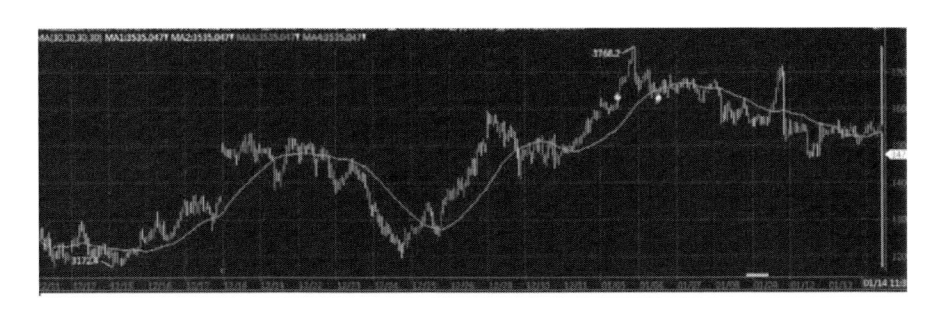

圖 3-65　第 61 筆交易

註：

多空	次數	提前2點	盤中突破確認	收盤確認	趨勢線被破	形態被破	技術過濾需要的點	過濾后收益	止損點位1倍目標價	止損點位2倍目標價
1	61	3,628	3,630	3,638	3,638	3,638			50	100

第三章　科學止盈　103

第 62 筆交易，見圖 3-66。

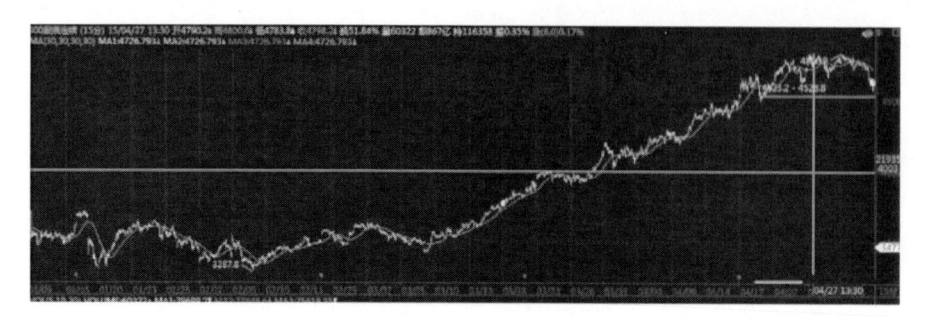

圖 3-66　第 62 筆交易

註：

多空	次數	提前2點	盤中突破確認	收盤確認	趨勢線被破	形態被破	技術過濾需要的點	過濾后收益	止損點位1倍目標價	止損點位2倍目標價
1	62	3,768	3,770	3,771	4,720	4,612			60	120

第 63 筆交易，見圖 3-67。

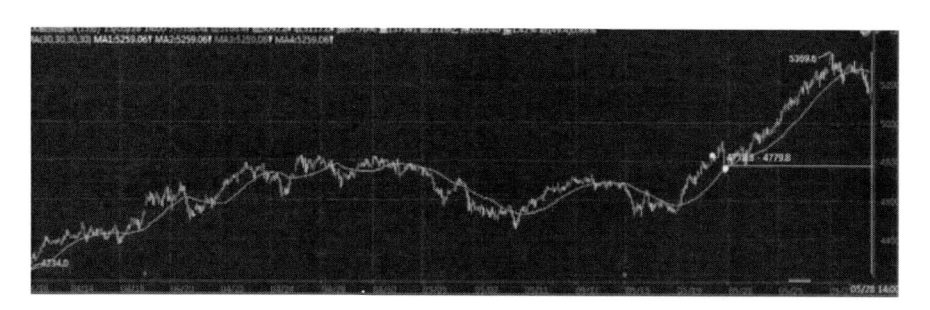

圖 3-67　第 63 筆交易

註：

多空	次數	提前2點	盤中突破確認	收盤確認	趨勢線被破	形態被破	技術過濾需要的點	過濾后收益	止損點位1倍目標價	止損點位2倍目標價
1	63	4,824	4,826	4,863	4,820	4,762	12	5,200	-64	-64

第64筆交易，見圖3-68。

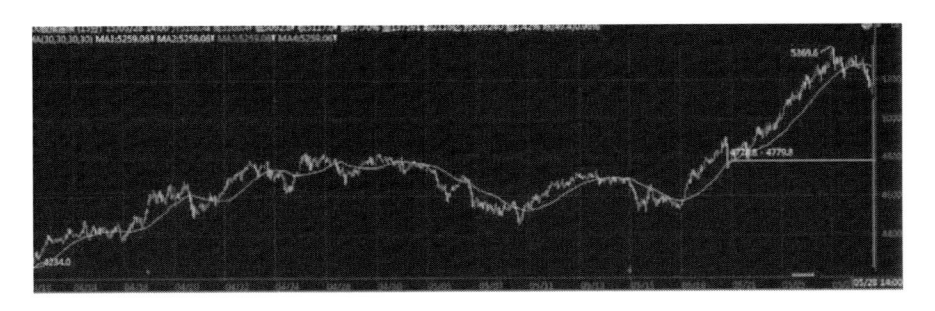

圖3-68 第64筆交易

註：

多空	次數	提前2點	盤中突破確認	收盤確認	趨勢線被破	形態被破	技術過濾需要的點	過濾后收益	止損點位1倍目標價	止損點位2倍目標價
1	64	4,904	4,906	4,933	5,250	5,200			70	140

第65筆交易，見圖3-69。

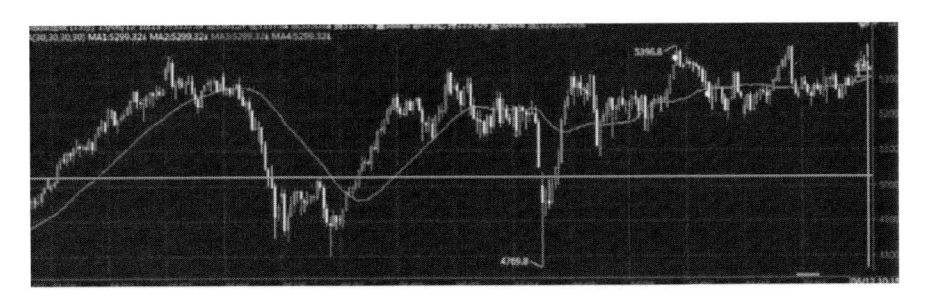

圖3-69 第65筆交易

註：

多空	次數	提前2點	盤中突破確認	收盤確認	趨勢線被破	形態被破	技術過濾需要的點	過濾后收益	止損點位1倍目標價	止損點位2倍目標價
1	65	5,370	5,372	5,379	5,270	5,270			-98	-98

第三章 科學止盈

第 66 筆交易，見圖 3-70。

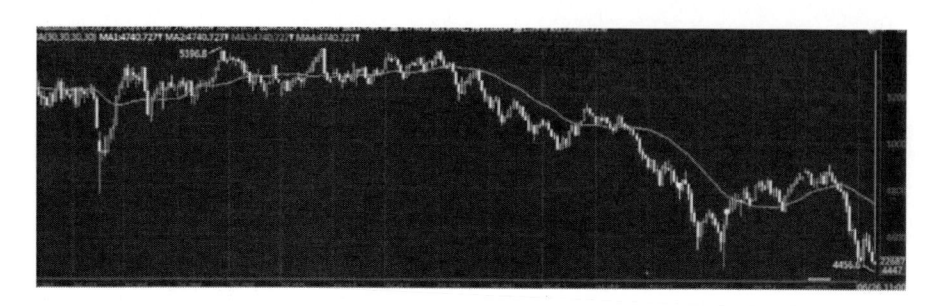

圖 3-70　第 66 筆交易

註：

多空	次數	提前2點	盤中突破確認	收盤確認	趨勢線被破	形態被破	技術過濾需要的點	過濾后收益	止損點位1倍目標價	止損點位2倍目標價
0	66	4,814	4,816	4,797	4,719	4,719			130	260

第 67 筆交易，見圖 3-71。

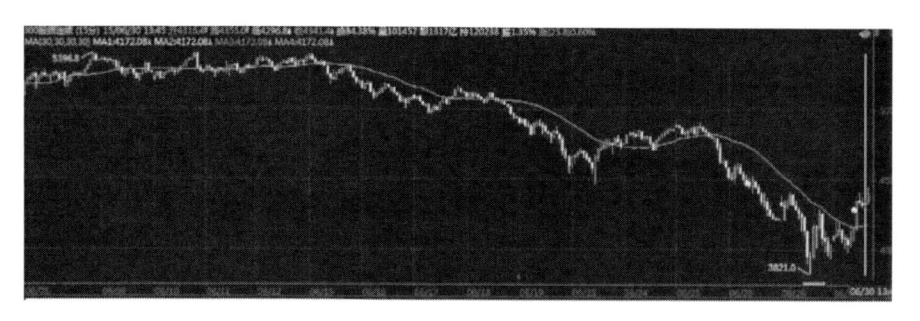

圖 3-71　第 67 筆交易

註：

多空	次數	提前2點	盤中突破確認	收盤確認	趨勢線被破	形態被破	技術過濾需要的點	過濾后收益	止損點位1倍目標價	止損點位2倍目標價
0	67	4,466	4,468	4,448	4,224	4,287			130	260

第 68 筆交易，見圖 3-72。

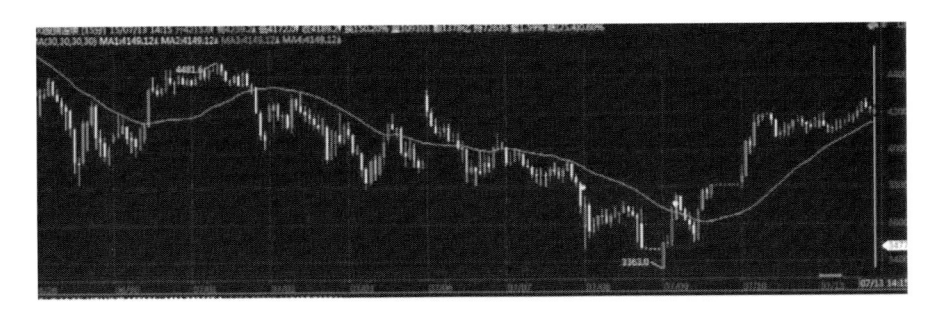

圖 3-72　第 68 筆交易

註：

多空	次數	提前2點	盤中突破確認	收盤確認	趨勢線被破	形態被破	技術過濾需要的點	過濾後收益	止損點位1倍目標價	止損點位2倍目標價
0	68	3,798	3,800	3,697	3,697	3,697			150	300

第 69 筆交易，見圖 3-73。

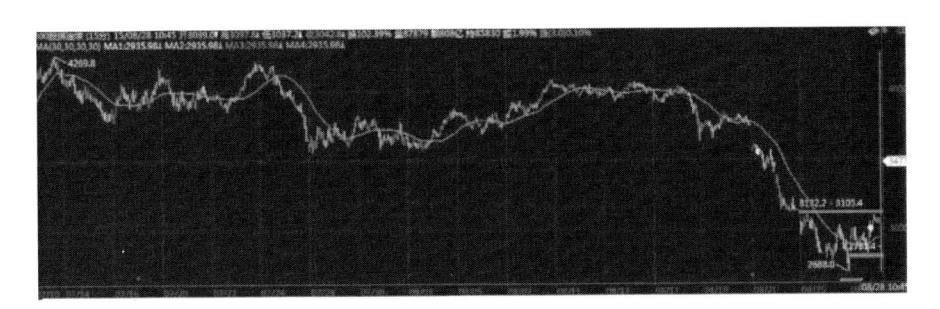

圖 3-73　第 69 筆交易

註：

多空	次數	提前2點	盤中突破確認	收盤確認	趨勢線被破	形態被破	技術過濾需要的點	過濾後收益	止損點位1倍目標價	止損點位2倍目標價
0	69	3,560	3,562	3,537	2,900	3,000			100	200

第三章　科學止盈

第 70 筆交易，見圖 3-74。

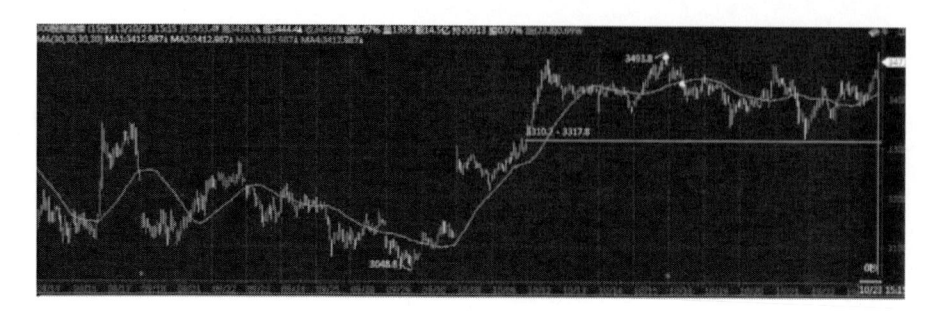

圖 3-74　第 70 筆交易

註：

多空	次數	提前2點	盤中突破確認	收盤確認	趨勢線被破	形態被破	技術過濾需要的點	過濾后收益	止損點位1倍目標價	止損點位2倍目標價
1	70	3,478	3,480	3,493	4,330	4,330			-50	-50

（二）統計表（見表 3-1）

表 3-1　　　　　　　　　　統計表

多空	次數	提前2點	剛好	收盤確認	趨勢被破	形態被破	技術過濾需要的點	過濾后收益	止損點位1倍	止損點位2倍
0	1	3,169	3,171	3,167	3,135	3,150	9	3,110	40	80
0	2	3,101	3,099	3,085	3,092	3,111	13	2,867	60	120
0	3	3,038	3,040	3,034	2,863	2,863			-29	-29
0	4	3,033	3,035	3,026	2,923	2,863			30	60
0	5	2,782	2,784	2,775	2,732	2,784			62	0
0	6	2,676	2,678	2,654	2,570	2,584			60	120
1	7	2,944	2,946	2,954	2,963	2,952			25	50
1	8	3,013	3,015	3,019	3,322	3,414	6	3,600	50	100
0	9	3,069	3,071	3,070	3,099	3,128			-57	-57

表3-1(續1)

多空	次數	提前2點	剛好	收盤確認	趨勢被破	形態被破	技術過濾需要的點	過濾后收益	止損點位1倍	止損點位2倍
1	10	3,298	3,300	3,307	3,335	3,319			30	60
1	11	3,370	3,372	3,380	3,322	3,322			-50	-50
1	12	3,380	3,382	3,382	3,382	3,347			-35	-35
0	13	3,092	3,090	3,088	3,121	3,121			-31	-31
0	14	3,090	3,088	3,081	3,127	3,127			-39	-39
0	15	3,079	3,077	3,069	3,030	3,010	6	2,940	40	80
0	16	2,920	2,918	2,915	2,900	2,900			23	46
1	17	3,145	3,147	3,147	3,117	3,117			-30	-30
0	18	2,957	2,955	2,954	2,955	2,955			30	0
0	19	2,874	2,872	2,853	2,800	2,820			45	90
0	20	2,705	2,703	2,696	2,736	2,736			-33	-33
0	21	2,676	2,674	2,669	2,700	2,700			-26	-26
0	22	2,641	2,639	2,630	2,651	2,651			50	100
0	23	2,637	2,635	2,631	2,644	2,551			0	0
0	24	2,509	2,514	2,510	2,539	2,539			-25	-25
0	25	2,502	2,500	2,495	2,400	2,400			25	50
0	26	2,345	2,343	2,339	2,404	2,404			-61	-61
0	27	2,304	2,322	2,317	2,368	2,368			-46	-46
0	28	2,308	2,306	2,302	2,336	2,336			-30	-30
1	29	2,698	2,700	2,700	2,675	2,675			-25	-25
1	30	2,698	2,700	2,701	2,684	2,684	4	2,700	-16	-16
0	31	2,558	2,556	2,556	2,572	2,572			-16	-16
0	32	2,545	2,543	2,541	2,573	2,573	6	2,550	-30	-30
0	33	2,542	2,540	2,536	2,550	2,550			30	0

第三章　科學止盈

表3-1(續2)

多空	次數	提前2點	剛好	收盤確認	趨勢被破	形態被破	技術過濾需要的點	過濾后收益	止損點位1倍	止損點位2倍
0	34	2,514	2,512	2,508	2,468	2,468			30	60
0	35	2,333	2,331	2,327	2,329	2,340	8	2,250	30	0
0	36	2,300	2,298	2,297	2,230	2,250			30	60
0	37	2,200	2,198	2,191	2,134	2,134			−43	−43
0	38	2,187	2,185	2,184	2,180	2,185			20	0
0	39	2,159	2,157	2,151	2,151	2,151			30	0
1	40	2,276	2,278	2,286	2,530	2,505			30	60
1	41	2,565	2,567	2,574	2,567	2,567			30	0
1	42	2,606	2,608	2,617	2,591	2,579			50	100
1	43	2,672	2,674	2,675	2,760	2,740			25	50
1	44	2,617	2,619	2,627	2,635	2,623			20	0
1	45	2,366	2,368	2,358	2,398	2,398			−30	−30
0	46	2,352	2,350	2,350	2,112	2,146			50	100
1	47	2,407	2,409	2,419	2,493	2,469			30	60
0	48	2,274	2,276	2,260	2,246	2,254			25	50
0	49	2,219	2,217	2,211	2,225	2,225			25	0
0	50	2,276	2,274	2,271	2,172	2,172			40	0
0	51	2,222	2,220	2,105	2,102	2,102			30	0
1	52	2,185	2,187	2,189	2,174	2,174			−13	−13
1	53	2,198	2,200	2,203	2,184	2,184	1	2,325	−16	−16
1	54	2,203	2,205	2,218	2,350	2,325	3	2,430	30	60
1	55	2,394	2,396	2,400	2,450	2,425			20	40
1	56	2,476	2,478	2,487	2,450	2,450			−28	−28
1	57	2,493	2,495	2,503	2,489	2,489	6	2,600	20	0

表3-1(續3)

多空	次數	提前2點	剛好	收盤確認	趨勢被破	形態被破	技術過濾需要的點	過濾后收益	止損點位1倍	止損點位2倍
1	58	2,528	2,530	2,544	2,534	2,534	7	3,119	40	80
1	59	2,623	2,625	2,627	3,273	3,319			30	60
1	60	3,498	3,500	3,507	3,386	3,386			−114	−114
1	61	3,628	3,630	3,638	3,638	3,638			50	100
1	62	3,768	3,770	3,771	4,720	4,612			60	120
1	63	4,824	4,826	4,863	4,820	4,762	12	5,200	−64	−64
1	64	4,904	4,906	4,933	5,250	5,200			70	140
1	65	5,370	5,372	5,379	5,270	5,270			−98	−98
0	66	4,814	4,816	4,797	4,719	4,719			130	260
0	67	4,466	4,468	4,448	4,224	4,287			130	260
0	68	3,798	3,800	3,697	3,697	3,697			150	300
0	69	3,560	3,562	3,537	2,900	3,000			100	200
1	70	3,478	3,480	3,493	3,430	3,430			−50	−50

四、統計分析

1. 關於提前2點開倉的比較

提前2點70次交易可以節約140點，突破點多算1個滑點，提前2點的好處為210點，但提前導致的問題是沒有到支撐壓力位的反轉止損多虧650點，所以結論是不用提前2點開倉。

2. 關於盤中確認突破開倉和收盤確認開倉的比較

70次收盤確認開倉多付出726點的代價，平均每次10點，其中有兩次最大的為115點和103點。但盤中確認開倉導致的影線穿越的為310點，加上70個多付的滑點，合計為380點。結論是盤中確認比收盤確認要好。

3. 關於是採用趨勢線被破止盈還是形態被破止盈的統計

趨勢被破止盈賺 4,615，形態被破止盈賺 4,115，趨勢被破止盈多賺 500 點，平均每筆正確單多賺 12 點，共 44 次對。趨勢線止盈較好的原因是行情很少簡單運行，回撤一般會將技術位打穿。趨勢被破止盈的持有時間也比形態短。結論是趨勢線被破止盈好於形態被破止盈。

4. 關於技術位止盈放寬的研究

11 筆經過技術位止盈 15 點過濾多賺 1,653 點，其中在上升趨勢中的 3 筆就是 1,200 點。如果剩下的 59 筆，每次技術位過濾 15 點合計多付 885 點的成本。

結論是特別是上漲過程中的止盈技術位緩衝 15 點，可以進行一個 2：1 的改進。

5. 關於止盈目標位為止損價位的 1 倍和 2 倍止盈方法比較

止損的 1 倍和 2 倍目標位止盈分別賺 890 和 2,081，使用最優的盤中確認開倉和趨勢線被破止盈為 4,843，止損的 1 倍和 2 倍目標位止盈比趨勢線被破止盈大為不如的原因是抓不住大趨勢，最大的四筆為 950 點、650 點、344 點、307 點，就是 2,250 點，其中超過 200 點的為 6 次，總交易占比為接近 10%。結論是趨勢線被破止盈是最優的。

第四章　最優交易週期的選擇

交易方法確定后一個重要的問題是在何種 K 線週期下進行操作，本章通過四節內容來回答這一問題。本章第一節對交易週期進行概要分析；第二節針對大家比較陌生的高頻交易做了專題介紹；第三節是理論分析最優交易週期確定需要考慮的因素；第四節通過案例展示如何進行最優週期的確定。

第一節　交易週期概述

一、交易週期的界定

期貨長、中、短線主要是從持有的時間長短來區分的，持有時間在幾個月以上的叫長線，持有時間在幾天到幾個月的叫中線，持有時間為幾個小時到幾天的叫短線。持有時間從幾分鐘到幾小時的叫快頻，持有時間從幾微秒到幾分鐘的叫高頻。

二、不同交易週期的優缺點

不同交易週期的優劣是不一樣的。
1. 從交易手續費用看
交易手續費是交易者向期貨交易所和期貨公司付出的交易

佣金，是交易利潤的損失項，交易頻率越高手續費就越多。

2. 從交易機會看

交易機會是一定時間內可以開平的次數，它是影響年收益的重要變量，因為年收入=(平均每次盈利額×正確率−平均每次虧損額×失敗率)×交易次數

如果括弧裡的值為正數，交易次數越多，總盈利就越多。但注意交易次數和平均盈虧額成反比關係。交易頻次越高其追求的目標利潤就越小，相應的止損也越小，交易次數就越多。

3. 從衝擊成本看

衝擊成本是交易的隱形費用，是交易者為了快速成交而付出的性急的代價。依據前面的分析，僅僅是以對手價成交的模式，其衝擊成本或者叫滑點的影響就是交易手續費的6倍。

4. 從交易的難易程度看

如果是主觀交易，交易頻次越高，留給交易者理性思考的時間就越短，就越容易出錯，即使是程序化交易，雖然沒有執行的問題，但更多手續費和滑點的蠶食也讓交易不易。所以交易頻次越高就越不容易成功。

5. 對交易軟硬件的要求看

交易頻次越高就越對交易的軟硬件要求高，高頻交易對網路速度和交易速度的要求達到極致。

6. 從總資金的收益率曲線的穩定性看

交易成績的穩定性需要大量交易來提供，從年的交易時間看，年交易次數低於100次的交易成績的穩定性都不高。

第二節　高頻交易

一、高頻的定義

高頻交易是一類特殊的算法交易，它是基於某種交易策略，利用高速計算機以極高的頻率關注相關信息，並發出交易指令自動完成買賣的交易。關於高頻交易，國際上學術界與業界並沒有統一的權威定義，一般認為高頻交易是指在算法交易中，電腦直接和交易所平臺聯動，在沒有人為干擾的情況下處理訂單，基於植入的算法，電腦以極高的頻率自動關注市場數據和其他相關信息，並在毫秒內發出交易指令。根據該定義可知，高頻交易關注的是交易頻率，算法交易則關注交易是否由計算機自動執行。高頻交易是算法交易的一種，特點是高頻交易策略的確定和執行都比人工要來得迅速。

二、高頻的特徵

一般而言高頻交易有以下幾個特徵：擁有高速且複雜的指令操作程序，擁有通過各種途徑達到的低延遲，持倉時間短、交易次數多，日內開平倉，批量掛單撤單。

1. 高速且複雜的指令操作程序

高頻交易者以極其高速和複雜的電腦程序生成指令、確定指令路徑以及執行指令。之前在對高頻交易的定義中講到，高頻交易是利用計算機的速度優勢在市場中獲利，近年來越來越多的機構投資者選擇採用高頻交易策略，他們加入裝備競賽中，不斷更新技術以獲得先發優勢。在交易之前，高頻交易者們將指令生成、指令路徑和指令執行的算法固化到計算機程序中；

在交易過程中，計算機監測數據，並自動運行算法完成指令；交易結束後，計算機將交易的全部信息存儲起來以便高頻交易者們進行「回顧測試」。

2. 通過各種途徑達到的低延遲

為了盡可能地降低延遲，高頻交易者使用交易所和其他機構提供的跨區服務和單個證券品種的數據將各種延遲降到最低。高頻交易者們的一種獲利方法是探測出兩個不同交易平臺的同一種證券產品瞬時的價格差，並迅速執行買入賣出的指令，從中套利。交易平臺收取的每筆交易費用的降低擴大了這種瞬時套利的規模，同時也為交易平臺帶來收入和流動性，因此交易平臺樂於與高頻交易者合作從而實現互利雙贏。與此同時，這種價格差異稍縱即逝，高頻交易者必須即時關注市場證券產品的價格情況，並且要有能力做出恰當的反應。高頻交易者投資巨大，時間對於他們來說至關重要，他們捕捉個股的極小價差，以至於整個過程必須被限制在毫秒級別之內。為此，高頻交易者投入巨額資金研究技術，並且盡最大可能加快整個交易環節的回應速度，包括接收交易所信息更新的速度以及下單的速度等。高頻交易者會將服務器盡可能地靠近交易所，甚至為了節省反應時間直接購買地下專線，以獲得速度上的優勢。他們要不斷改進設備，不斷檢驗高頻交易策略的執行效果，從而降低延遲，抓住獲利機會。

3. 持倉時間短、交易次數多

對於市場上交易的某種資產或者期權，其一天的價格瞬息萬變，高頻交易者只有通過不斷的買入賣出才能實現小額套利收益的累積。對每只股票，高頻交易者可能在一天之內會交易數次，持倉時間從數秒到數小時不等。在高頻交易中，報價流的一些微小變化常常會觸發大量的開平倉信號。套利信息一旦被交易系統監測到，程序會自動執行買賣指令，建立相應的頭

寸，並在單筆交易完成之后平掉頭寸，整個過程歷時非常短。

4. 日內開平倉

高頻交易者會在當天收盤之前平掉所有倉位，一方面為了節約交易成本，另一方面為了規避風險。高頻交易中當日開平倉的特點可以大大地降低隔夜持倉成本。隔夜持倉成本是指隔夜持有保證金頭寸的成本，以美國為例，隔夜持倉成本通常是基於北美交易時段結束后帳戶中的保證金頭寸進行計算的。在信貸收縮或者高利率的時期，隔夜成本可因此而顯著降低到交易的最低水平。在收盤的時候平掉所有的頭寸，還可以降低由於被動隔夜持倉所帶來的風險暴露，而風險暴露的降低會在相當大的程度上增加風險調整收益。

5. 批量掛單撤單

高頻交易具有批量掛單撤單的特點。高頻交易大多依賴信息獲取速度和「閃電交易」技術，其顯著特徵是擁有大量不會被執行的訂單，以採取提交訂單的方式探測到市場上其他投資者的報價信息。因此，提交訂單並非真正的報價，這僅僅是一種探測手段，提交的指令最后也未必真的成為交易指令，很可能會被很快撤銷。而這在美國是被允許的。平均而言，高頻交易只有2%的報價最后會得到執行。

三、高頻交易的策略

高頻交易的基礎是其策略模型，現在實施的高頻交易策略主要分成四種，分別是基於市場微觀結構的存貨模型與信息模型，基於事件套利原理的事件套利策略，以及基於統計套利的高頻統計套利。

1. 基於市場微觀結構的策略模型

市場微觀結構是研究價格形成過程的學科，而基於市場微觀結構的交易是高頻交易的核心。基於市場微觀結構的交易就

是通過報價流獲取信息,通過這些信息獲得信息優勢,通過交易從中獲利。市場微觀結構下的交易持倉時間為秒級到小時級不等。而如何確定最佳交易時間則取決於交易成本,如果單筆持倉盈利無法覆蓋其交易成本,則需要延長其交易持倉時間從而擴大單筆持倉盈利。一種交易是否可行就取決於持倉盈利是否超過交易成本。市場微觀結構中有兩種基本模型:存貨模型與信息模型。兩者均是解釋在微觀狀態下的市場價格形成過程的。不同的是:信息模型所解釋的是市場消息公布後,信息反應到價格中這一過程,其基本理論是含有信息的委託單流導致了價格的變動;存貨模型解釋了沒有消息公布時短期價格的形成機制,存貨模型所關注的不再是委託單流中所包含的信息,而是委託單流的變化事件。

2. 事件套利

這類利用消息公布前後的市場運動進行交易的高頻策略稱為事件套利。事件套利是指一類利用市場對事件的反應進行交易的交易策略。那麼什麼是所關注的事件呢?一切可能影響市場價格的新聞均可以看作是事件,包括宏觀經濟數據的公布,行業相關數據的公布,或者是與行業相關的信息的發布,還包括公司信息的發布,如分紅、盈餘公告、定向增發等信息的發布。重要的是所關注的事件會重複地對所感興趣的證券產生影響,如央行的宏觀經濟調控貨幣政策就是一類持續的並且有利可圖的套利事件。事件套利的核心目的是在一定的時間窗口內利用事件的發布獲取超額收益,這就要求事件套利策略在每個事件發生的時間窗口內建立能夠產生持續盈利的投資組合。時間窗口的起點始於事件發生前,而時間窗口的終點位於事件發生後的一段時間內。事件的發生,如宏觀數據的發布,是預先明確知道公布時間的,所以時間窗口也是預先建立好的,在開始時建倉,在結束時平倉。時間窗口的建立為事件套利明確了

實施時間區間，而實施的頻率是不定的，可以是秒級的持倉時間，也可以是小時級的持倉時間，其共同的目的是以較小的風險產生穩定的收益。一般而言，交易收益取決於交易者對事件的反應速度，反應速度快，策略抓住事件公布后價格向均衡價格調整所產生的一波價格變動的可能性越大。因此，事件套利適合於高頻交易，高頻交易中持倉時間短、交易頻率高的特點可以產生更加穩定的收益。大部分事件套利策略的開發步驟為：對每一類事件，確定事件窗口；對事件前后的歷史價格進行統計分析；根據歷史上事件前后的價格變化對預期價格反應進行估計。

3. 高頻統計套利模型

統計套利於 20 世紀 90 年代開始盛行起來，有一批「火箭科學家」研發運作，創造了兩位數的持續受益。2007 年之前，大量統計套利者利用統計套利方法創造的超額受益使得統計套利開始作為一門技術流行開來。但是在 2007—2008 年的金融危機中，統計套利者又損失慘重，甚至有人指出統計套利是金融危機中市場不穩定的主要原因，也有人預言，統計套利已經無法再進行下去了。統計套利的核心在於對歷史數據，以及關聯數據之間的數據挖掘。數據挖掘的第一步是對歷史數據進行統計分析，從中尋找普遍的統計關係。這種統計關係需要存在於兩種證券之間，或者同一證券的不同時期。統計套利者在找到這樣的統計關係之後，要通過統計分析得到這種統計關係的統計置信度，90% 是統計套利者可以接受的低置信值。統計套利者在找到這樣的統計關係之后就可以實施統計套利模型。其基本思想為：如果某一時期的統計關係被違反，那麼它將會均值迴歸，回到它的歷史均衡水平。統計套利者普遍認為這一思想源於 Fama 的有效市場假說。模型的實施策略是，在統計關係被打破時，按照均值迴歸方向建立頭寸；如果均值迴歸發生，則盈利；如果統計關係更加失衡，則出發止損點，適時止損。

高頻統計套利是統計套利的一部分。統計套利可以是低頻的，以日或者周為單位的統計關係進行套利；也可以為高頻的，就是以小時甚至是秒為單位的統計關係進行套利。高頻統計套利所建立的模型都是基於證券對之間的價差來進行的，同時所選證券要保證一定的流動性，使得高頻交易實施過程中訂單可以成交。

第三節　最優週期選擇

一、最優週期選擇原則

　　如果自己的交易系統已經確定，選擇一個最優的交易週期也是一個重要的問題。對於交易週期的選擇更通俗地說是做多長時間 K 線的問題，是 1 分鐘線、3 分鐘線、15 分鐘線、1 小時線還是日線的問題。其實這個最優週期的選擇問題不是一個很好解決的問題，最優問題的解決非常依賴數據的選擇，趨勢分為簡單和複雜趨勢，盤整也分為窄幅和寬幅盤整，不一樣的行情背景的最優選擇是不一樣的，但是我們實際操作不可能知道后面是什麼性質的行情，只能選擇一個操作週期。我們在選擇這個最優週期時應該遵循如下原則：

　　（1）數據選擇要全面，至少包括一個簡單趨勢、一個複雜趨勢、一個寬幅擴大盤整、一個寬幅盤整、一個大幅度 V 型反轉、一個窄幅擴大盤整、一個窄幅盤整、一個小幅度 V 型反轉。

　　首先這八種行情性質可以覆蓋所有的行情走勢，所以具有完備性。其次趨勢和盤整的時間對比大致保持在一比三的基礎上，因為價格在大部分的時間都在做盤整運動，有資料說行情大約 70% 的時間都在做盤整運動，所以選擇趨勢盤整數量在一

比三是合適的。最后要求上面的數據類型是最低要求。如果要有穩定性，最好有三倍於這八種行情的最低要求。當然這對數據的時間長度要求較高，許多現行的行情軟件短週期的最大數據量就達不到要求。例如文化財經行情軟件1分鐘的最長數據就只有3個月，所以要全面進行最優化選擇就必須自己收集或者夠買專業數據。

（2）模擬交易的次數要有穩定性。

要想交易數據具有穩定性就必須使交易次數足夠多，依據上面對趨勢和盤整的一般統計，至少要求在趨勢交易上做30筆，在盤整上做100筆。

（3）確定好最優週期後就不要在實際交易中變來變去。

按照上面的要求確定好最優交易週期後就不要在實際交易中根據最近的交易情況對最優週期變來變去，因為前面的最優是針對各種不同性質行情的最優答案，但很可能不是對當前行情的最優解，使用長期最優解需要長期的堅持，不要因為短期的表現不好而放棄。

二、最優週期需要考慮的因素

（一）交易成本

交易成本是交易中一個非常重要的負面因素，交易週期越短、交易頻次越高，交易成本就越大，有時交易者做盤后交易測試時發現週期變短後由於交易頻次的增加總收益增加不少，但這往往是一個陷阱，因為可能出現如下的情況讓你的盤后交易變得漂亮，而在實際運用中則不然。

1. 盤后模擬忽略滑點的影響

滑點對交易的影響是相當大的，依據前面的分析，一般使用對手價成交的交易者期貨交易的滑點是手續費的6~7倍，如果交易者的交易數量比較大或者交易的是不活躍品種，交易滑

點就更大了。一旦加上損耗程度遠大於手續費的滑點，交易系統在實際運行中就會由賺錢變為虧錢。

2. 交易系統的盈虧比不強，只需要比例不高的幾筆壞交易就頓時使一個盈利系統變為虧損系統

假定月交易60次，勝率為50%，扣除滑點和手續費的盈虧比為1.1，每次下註平均虧1%，這樣一個低盈虧比高交易頻次的交易系統的年收益為（1.1-1）×30×12＝36%，還是一個錯的交易系統。但實際上這是非常脆弱的一個交易系統，因為如此低的盈虧比很容易因為幾筆本應賺錢的交易實際交易成虧損的情況而大為改變。因為實際交易中特別是主觀交易很容易發生如下的一些事實：

（1）本應賺錢的交易沒有交易

在交易時猶豫或者連續虧損后變為謹慎錯過了一個好的賺錢機會是主觀交易者經常遇到的事情。更為糟糕的是，如果錯過了一個大趨勢，交易者一定會懊惱不已，很容易引發接下來的追漲殺跌。

（2）不該交易而因為衝動交易而止損

本來沒有滿足交易標準的信號出現，但由於市場行情暴漲暴跌或者是自己的各種交易衝動的刺激，交易者非常草率地就出手了，結果多半不好，大多數是止損出局。

（3）大的趨勢機會只拿住一小節

交易者有時雖然抓住了趨勢的開始，但在趨勢的反覆處由於落袋為安的思想作祟，提前止盈掉賺錢的頭寸，結果後面發現自己只賺了很小的一節。

假定實際上我們只有80%的執行率，有60×0.2＝12（次）沒有按交易系統標準行事，總的效果是盈利減少6次合計6%，虧損增加6次合計6%。那現在的盈利為33%-6%＝27%，虧損為30%+6%＝36%，月的交易成績為虧損9%，之前是賺3%。

通過這個例子可見，盈虧比較低的系統的盈利穩定是較差的。

如果是程序化交易，雖然不會出現執行偏差的問題，但如果依然是盈虧比較低的系統，僅僅是依靠交易次數較多而提升年收益率的系統很容易因為市場變異而由盈利系統變為虧損系統。

(二) 交易者想要控制的最大回撤率

交易者的收益率曲線是交易者的每日權益的圖表表現，除了曲線的斜率之外，更為重要的是資金的最大回撤率，它是指曲線從歷史的相對高點回落幅度的最大值。如果交易者想要控制資金的收益曲線，不想最大回撤過大，交易週期或交易頻次就是一個要重點考慮的因素。

交易頻次越高，交易的單次投入資金就越小，交易就越不依賴一兩筆大的虧損或盈利，交易就越容易平穩。交易頻次越低，為了求一個較好的年收益水平，相應每一筆的投入資金就會大一些，而且由於交易次數少，如果連續出現四五筆失敗交易就會導致收益率曲線的最大回撤變大，作為對比，頻次較高的小註交易即使出現連續四五筆交易也只是出現較小的最大資金回撤。

(三) 交易者資金量的大小

交易者資金量的大小，對於衝擊成本的影響是非常明顯的，如果不採用一些算法交易，大資金在交易時付出的交易成本是巨大的。目前期貨行情的報價速度為每一秒鐘兩次，這是我們能夠看到最小的時間單位的交易數據，如果交易者的交易數量數倍於這個交易量，就可能產生較大的衝擊成本。從前面的分析可以知道，一個報價的對手價成交將對交易成績造成數倍於交易手續費的破壞作用，因此研究交易者的交易資金大小對衝擊成本的影響就比較重要。

(四) 交易者是否願意持倉過夜

持倉過夜的最大不利就是反向跳空，如果交易者決定持倉

過夜，就必須對這種不利因素進行考慮。要知道每種商品的漲跌停板制度是不一樣的，當天跳空的最大幅度就是漲跌停板，如果漲跌停後不能打開，就意味著不利持倉不能平倉，如果第二天再來一個不利跳空，交易者就面臨兩個不利停板，所以最大不利應該考慮至少兩個停板。而一般的交易系統的最大回撤至少考慮10倍的單次平均虧損，明顯的是小週期的止損較小，10倍的單次平均虧損也較小，大週期的止損較大，其10倍的單次平均虧損相應就大。因此如果要持倉過夜，10倍的單次平均虧損要求大於2個停板的損失，比這個週期更大的操作週期就是可以容忍兩個漲跌停板的不利虧損的。

（五）交易資金的性質

交易資金的性質也會影響交易週期的選擇，如果是自有資金可以忍受較大的資金回撤，操作的週期就可以大一些；如果是操作的別人資金，由於不能忍受較大的回撤可能只能選擇週期相對較小的週期。

（六）交易者的耐心

交易者的性格不一樣，有些人急躁，有些人沉穩，耐心的不一樣也會造成操作週期的不一樣。短週期的持有時間短，比較適合性急的交易者；長週期的持有時間長，比較適合性子慢的交易者。

三、多週期交易

如果資金夠大，操作能力夠強，使用多週期操作更好。許多專業機構就是通過這種方法來控制資金回撤的，多週期能夠平滑收益曲線的要訣在於不同交易週期的開平倉點不一樣，更容易獲得平穩的效果。理想狀態是，多週期真正能夠控制資金曲線最大回撤率的最佳辦法是多週期同時操作，多週期同時操作是指依據相同的交易依據在不同週期級別上同時進行操作。

例如一名投資者原來只在 15 分鐘 K 線級別上交易期貨，每次 3 手；如果他依據相同的交易系統分別在 3 分鐘線、15 分鐘線和 60 分鐘線上同時交易，只要滿足條件就在相應級別開倉 1 手就叫多週期操作。下面從理論上來看多週期操作的好處。

（1）趨勢行情

趨勢行情分為簡單趨勢和複雜趨勢，簡單趨勢是走勢比較單純的趨勢、複雜趨勢是走勢不順利的趨勢，在這兩種趨勢中，不同性質和週期的交易系統的表現力是不一樣的。首先是簡單趨勢，對於趨勢系統來說短週期的效果不太好，中週期較好，長週期最好；震盪交易系統短週期小虧，中週期中虧，大週期大虧；對於複雜趨勢來說，趨勢系統短週期和中週期好，長期不好。震盪系統短中週期好，長週期不好。

（2）盤整行情

盤整行情也可以分為窄幅盤整和寬幅盤整。對於寬幅盤整，趨勢系統的表現力是短週期最好賺錢、中週期一般虧，長週期大虧；震盪系統的表現力是短週期一般，中週期賺錢，長週期賺大錢。對於窄幅震盪，趨勢系統的表現力是短週期虧大錢，中週期虧錢，長週期一般；震盪系統的表現力為短週期賺錢，中長週期表現一般。

從上面的分析可以看出，無論是震盪系統還是趨勢系統在不同性質的行情中表現力是不一樣的，就連是在同一種性質中不同類型的行情中表現力都是不一樣的，所以沒有單一的最優週期。鑒於行情走勢的不可預判性同時使用短、中、長三種週期就可以無論什麼行情總有一個週期是最優週期，其他兩個週期的效果小，可以抵銷或適當增添總成績，這比將所有倉位只做一個週期要平穩。因為如果運氣不好單週期恰好是表現該段行情表現最不好的週期回撤就很大了，而三週期同時運用的回撤就小多了。

第四節　最優週期優化案例

下面使用突破交易系統，先對滬深 300 股指的 3 分鐘、15 分鐘、60 分鐘三個週期進行最優化比選，然後使用上述數據證明多週期操作優於單週期操作。

一、突破交易系統

（1）只做趨勢行情中的順勢突破，不做盤整區域中間的突破。
（2）V 型反轉開始的順勢突破不做，但順勢空間夠大可以做。
（3）寬幅順勢突破一般不做，但如果有更小級別的盤整則要做。
（4）背離圖形的突破不做。

二、數據

數據來自金字塔行情軟件，時間為 2010 年 4 月 16 日至 2015 年 10 月 30 日。

三、擬分析的問題

（1）滬深 300 股指的 3 分鐘、15 分鐘、60 分鐘三個週期哪個是突破交易系統的最優交易週期。
（2）多週期交易是否優於單週期交易。

四、交易記錄

（一）3 分鐘交易記錄
（1）第 1 筆交易 30 點止損，賺 200 點，見圖 4-1。

图 4-1　第 1 笔交易

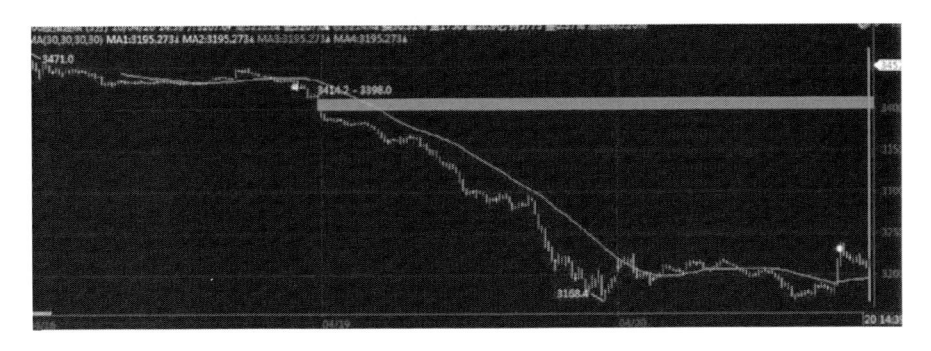

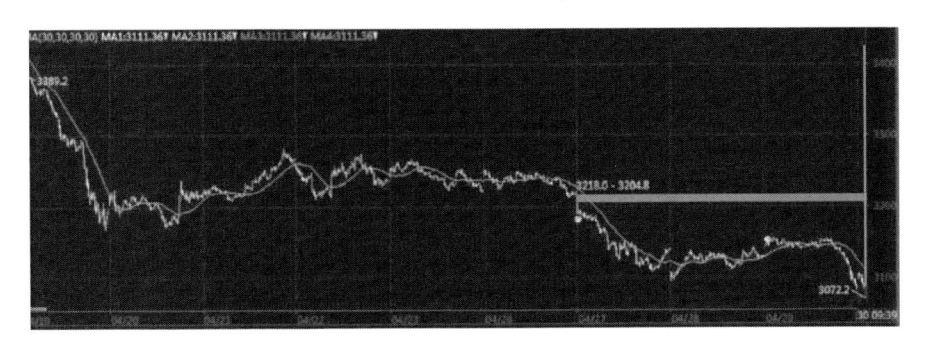

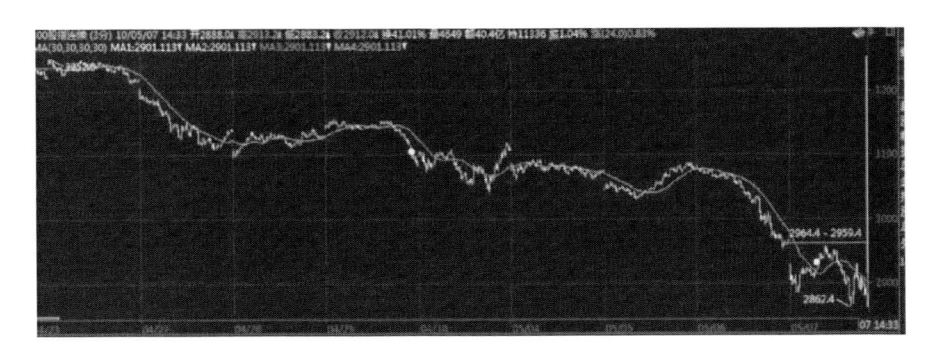

（2）第 2 笔交易 100 点止损，赚 110 点，见图 4-2。

图 4-2　第 2 笔交易

（3）第 3 笔交易 60 点止损，赚 160 点，见图 4-3。

图 4-3　第 3 笔交易

（4）第4筆交易70點止損，賺0，見圖4-4。

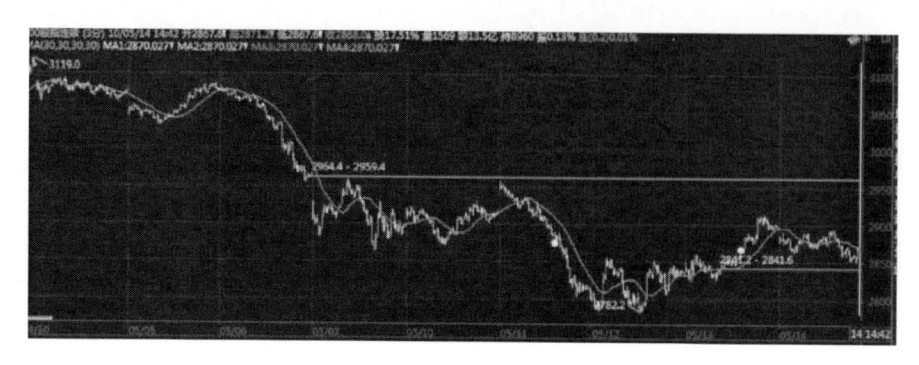

图 4-4　第 4 筆交易

（5）第5筆交易120點止損，虧40點，見圖4-5。

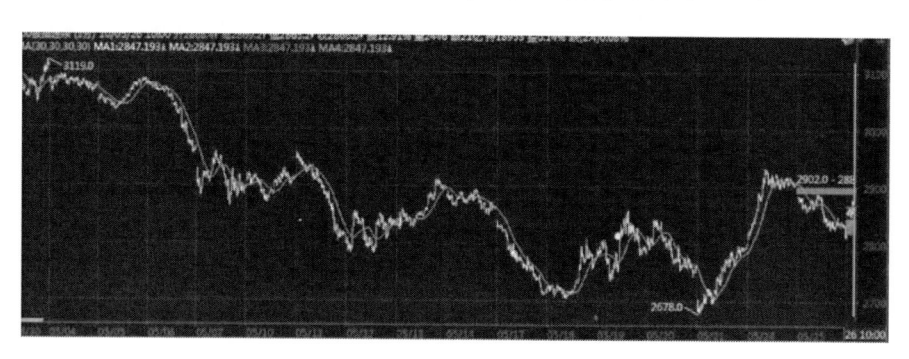

图 4-5　第 5 筆交易

（6）第6筆交易50點止損，賺100點，見圖4-6。

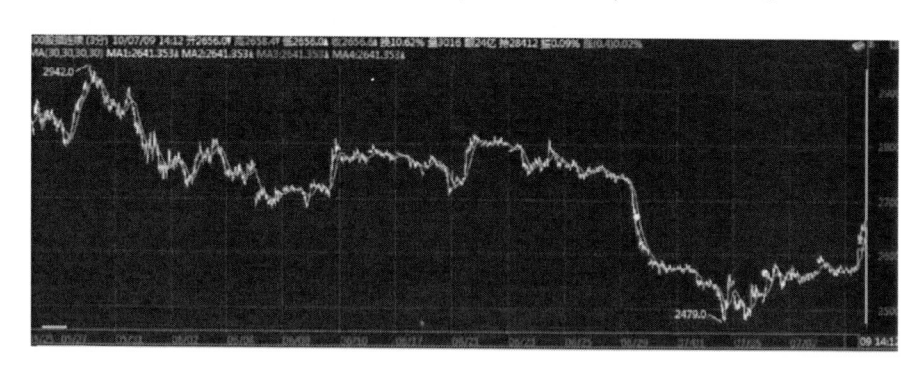

图 4-6　第 6 筆交易

（7）第 7 筆交易 50 點止損，賺 40 點，見圖 4-7。

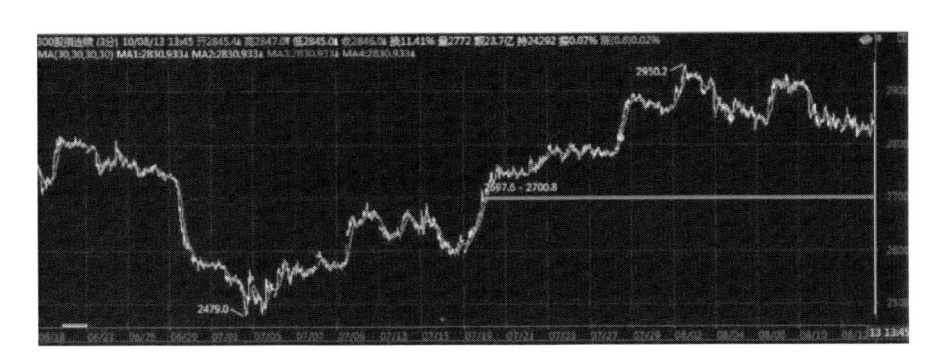

圖 4-7　第 7 筆交易

（8）第 8 筆交易 30 點止損，賺 15 點，見圖 4-8。

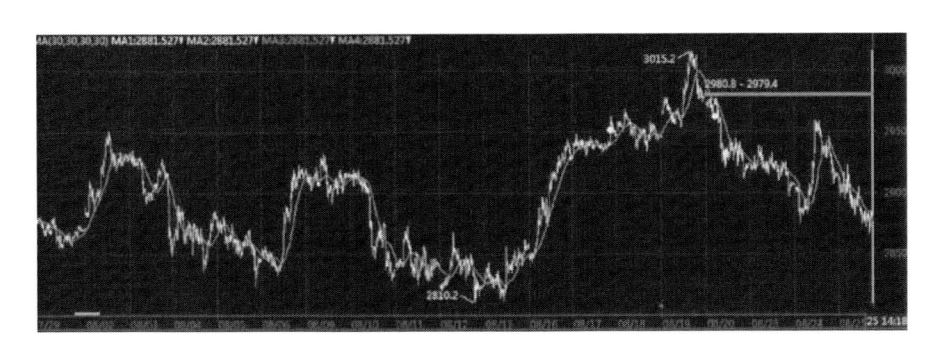

圖 4-8　第 8 筆交易

（9）第 9 筆交易 50 點止損，賺 420 點，見圖 4-9。

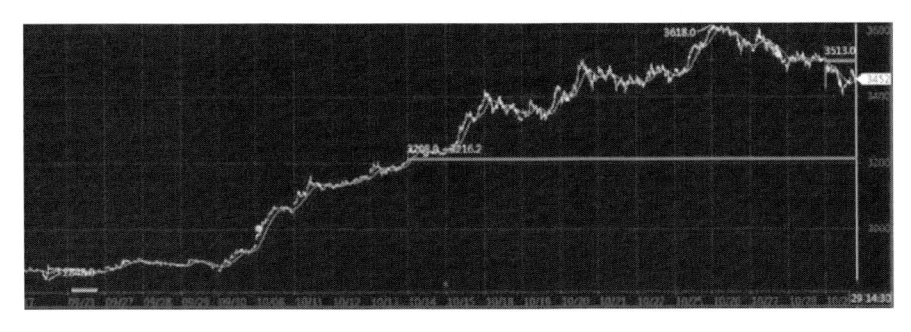

圖 4-9　第 9 筆交易

（10）第 10 筆交易 50 點止損，虧損 50 點，見圖 4-10。

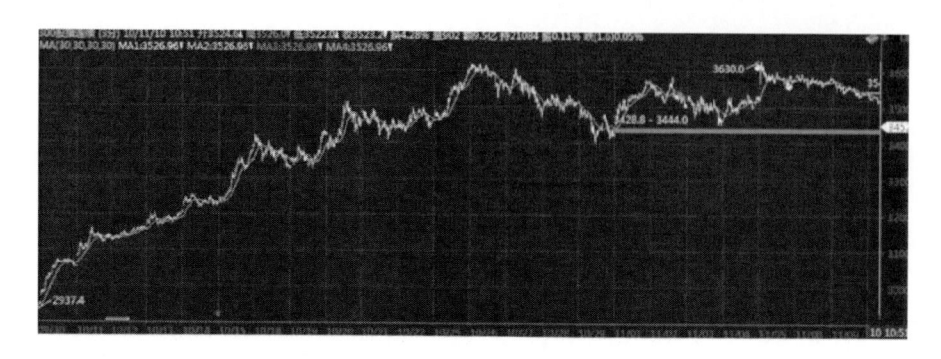

圖 4-10　第 10 筆交易

（11）第 11 筆交易 100 點止損，虧損 100 點，見圖 4-11。

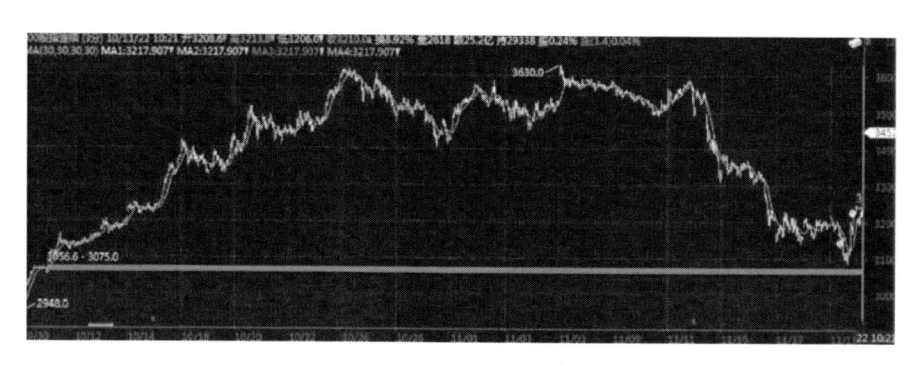

圖 4-11　第 11 筆交易

（12）第 12 筆交易 50 點止損，賺 0，見圖 4-12。

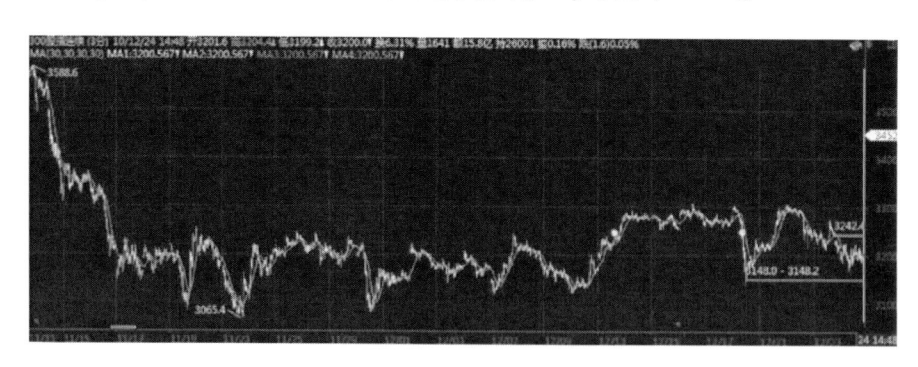

圖 4-12　第 12 筆交易

（13）第 13 筆交易 40 點止損，虧 40 點，見圖 4-13。

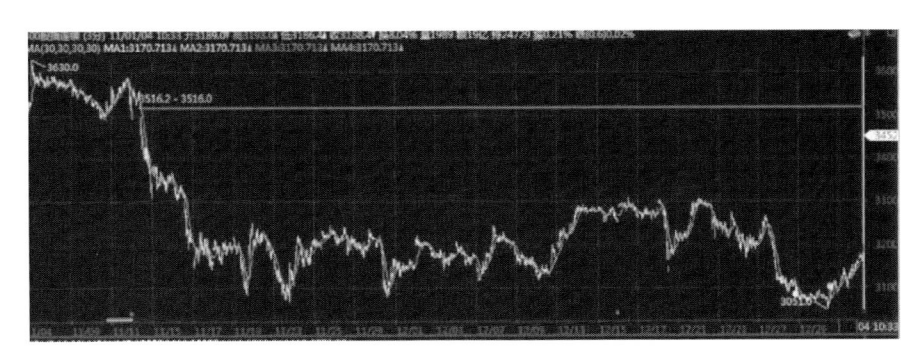

圖 4-13　第 13 筆交易

（14）第 14 筆交易 30 點止損，賺 50 點，見圖 4-14。

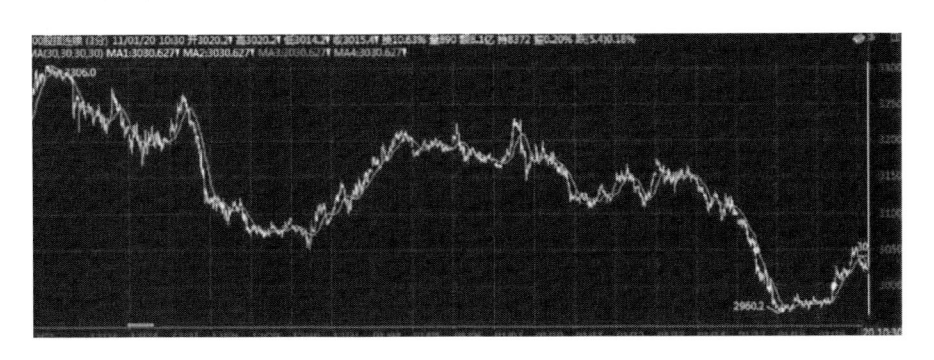

圖 4-14　第 14 筆交易

（15）第 15 筆交易 50 點止損，虧損 50 點，見圖 4-15。

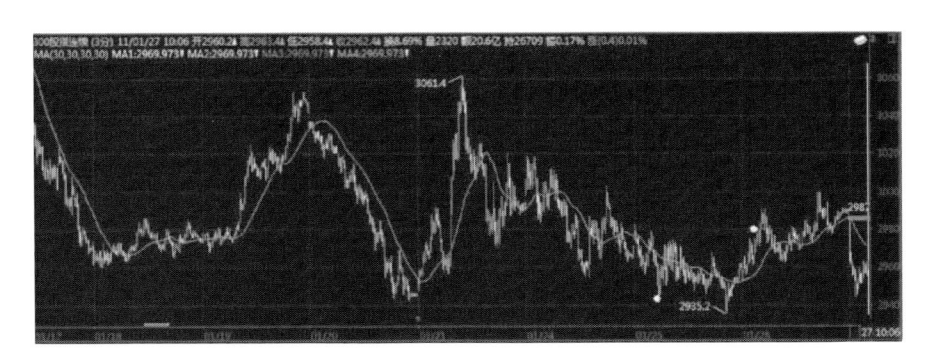

圖 4-15　第 15 筆交易

（16）第 16 筆交易 25 點止損，賺 20 點，見圖 4-16。

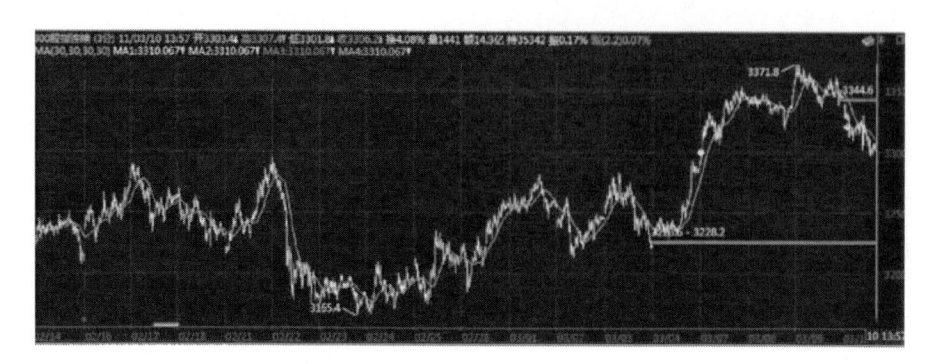

圖 4-16　第 16 筆交易

（17）第 17 筆交易 50 點止損，虧損 50 點，見圖 4-17。

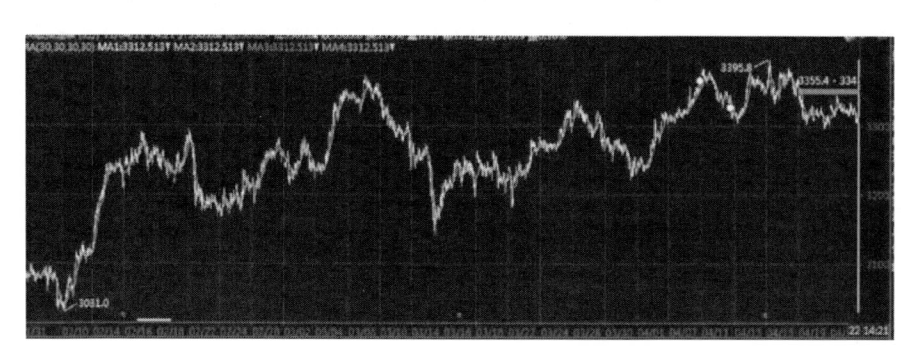

圖 4-17　第 17 筆交易

（18）第 18 筆交易 50 點止損，虧損 50 點，見圖 4-18。

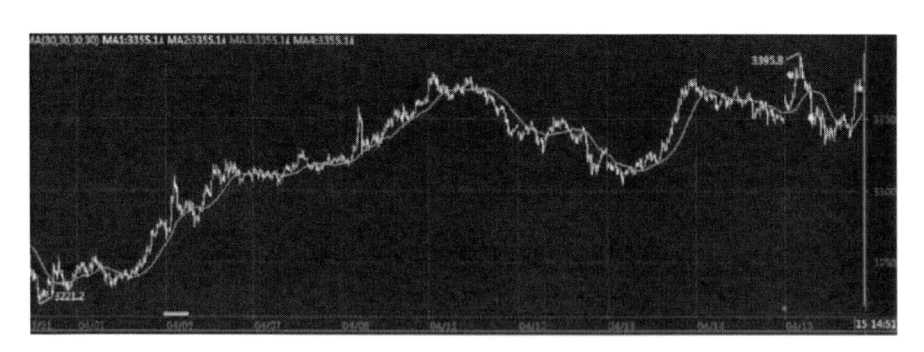

圖 4-18　第 18 筆交易

（19）第19筆交易40點止損，虧損40點，見圖4-19。

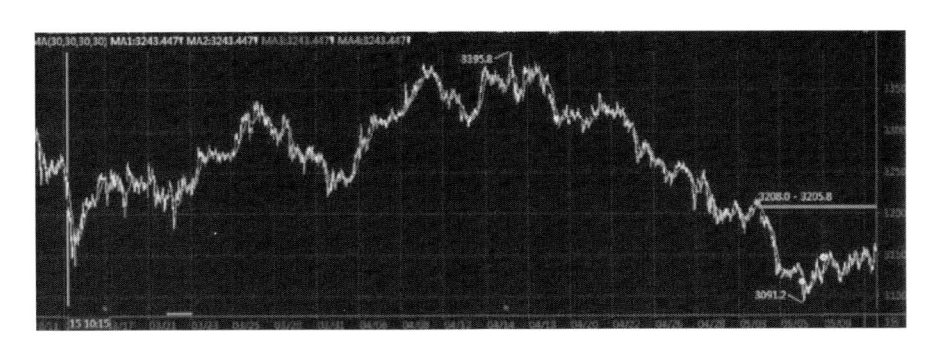

圖4-19　第19筆交易

（20）第20筆交易40點止損，虧損40點，見圖4-20。

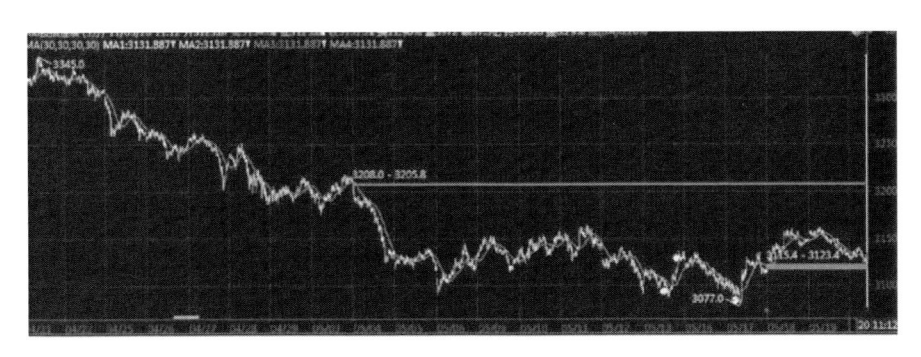

圖4-20　第20筆交易

（21）第21筆交易40點止損，賺75點，見圖4-21。

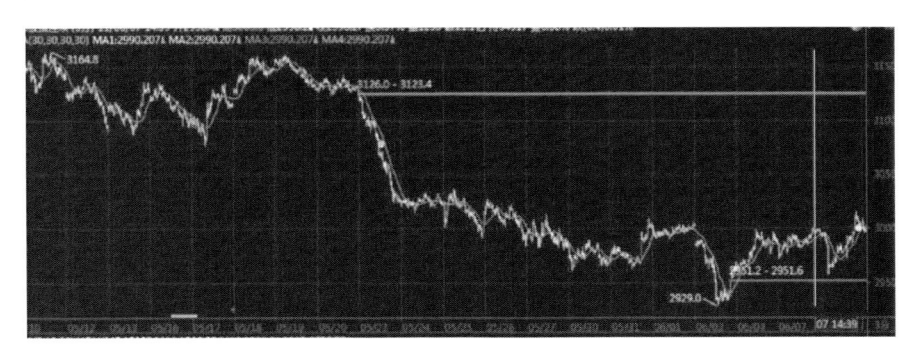

圖4-21　第21筆交易

（22）第 22 筆交易 50 點止損，賺 0，見圖 4-22。

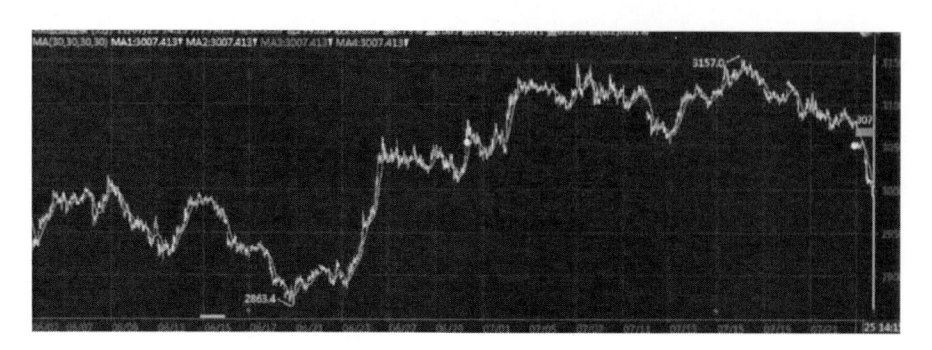

圖 4-22　第 22 筆交易

（23）第 23 筆交易 50 點止損，賺 140 點，見圖 4-23。

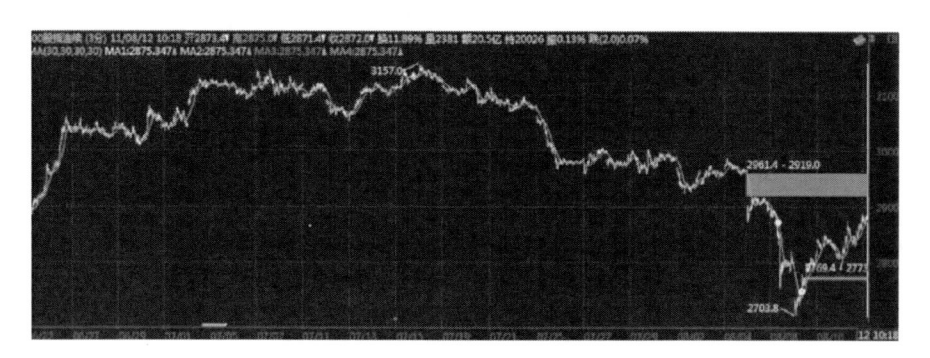

圖 4-23　第 23 筆交易

（24）第 24 筆交易 50 點止損，虧損 50 點，見圖 4-24。

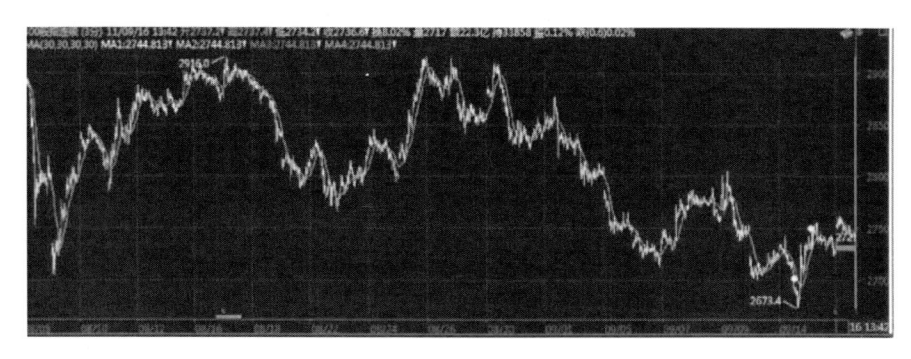

圖 4-24　第 24 筆交易

（25）第25筆交易70點止損，賺100點，見圖4-25。

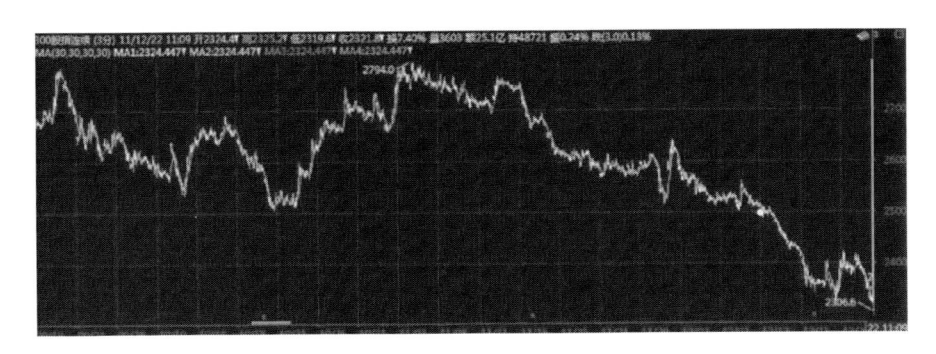

圖 4-25　第 25 筆交易

（26）第26筆交易60點止損，虧損60點，見圖4-26。

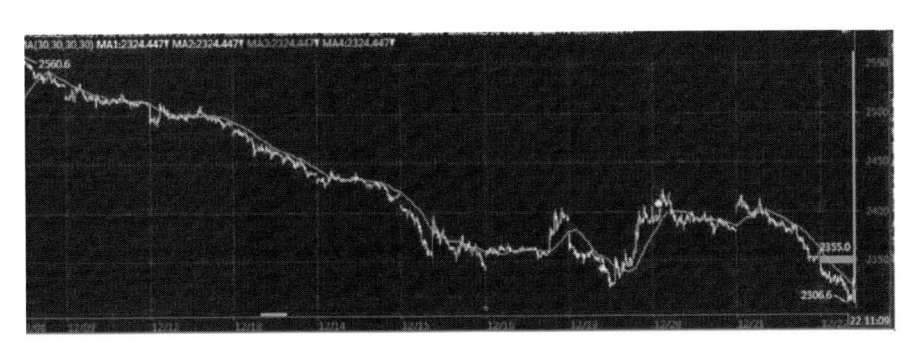

圖 4-26　第 26 筆交易

（27）第27筆交易30點止損，虧損30點，見圖4-27。

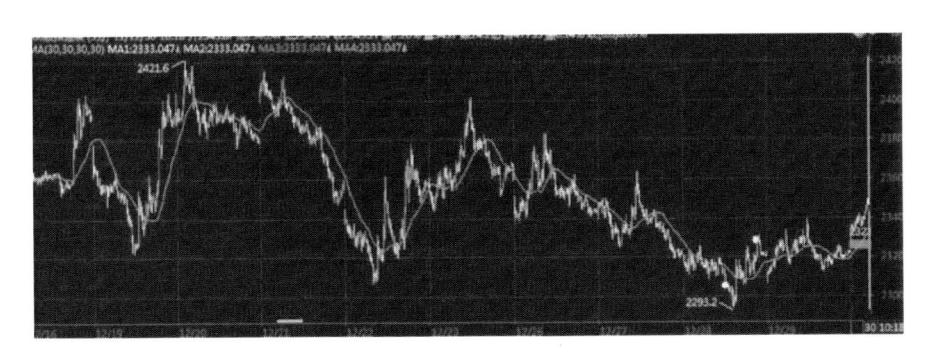

圖 4-27　第 27 筆交易

（28）第 28 筆交易 40 點止損，虧損 40 點，見圖 4-28。

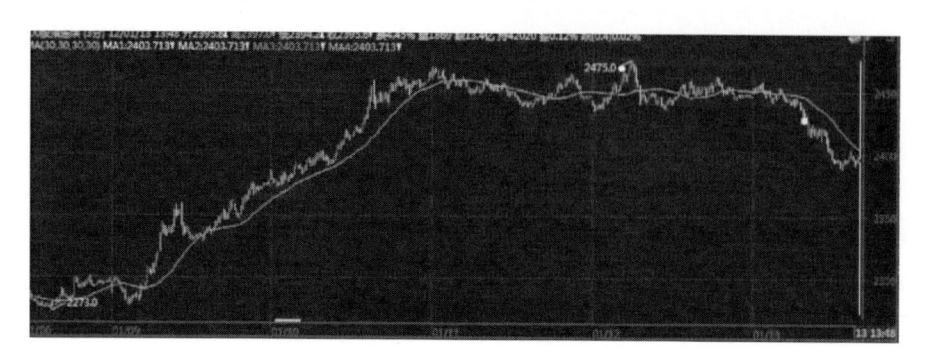

圖 4-28　第 28 筆交易

（29）第 29 筆交易 50 點止損，虧損 50 點，見圖 4-29。

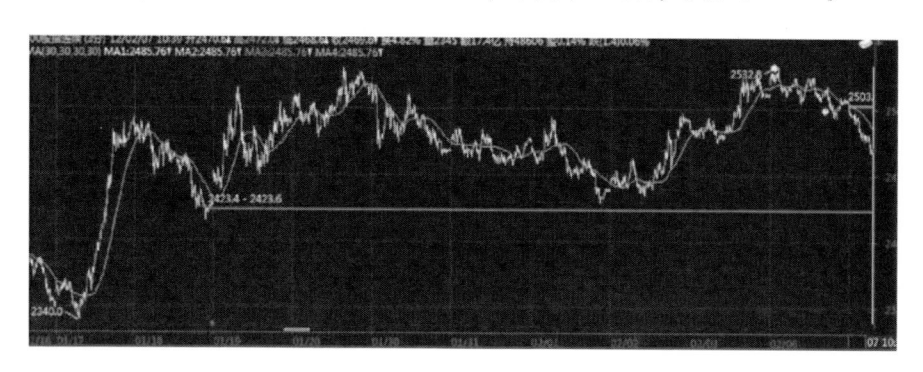

圖 4-29　第 29 筆交易

（30）第 30 筆交易 50 點止損，虧損 50 點，見圖 4-30。

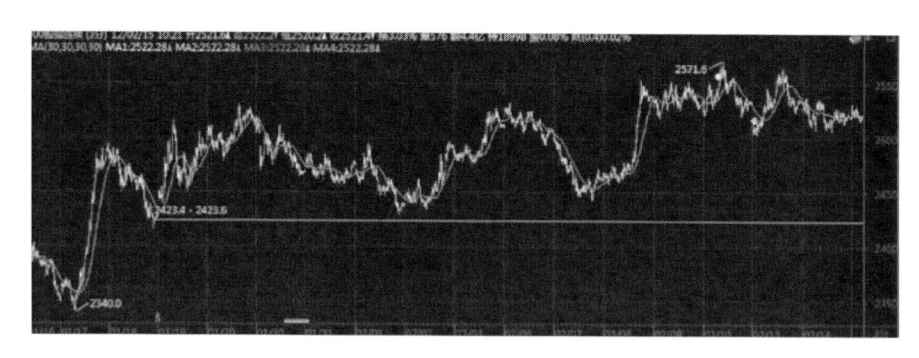

圖 4-30　第 30 筆交易

(31) 第 31 筆交易 30 點止損，賺 40 點，見圖 4-31。

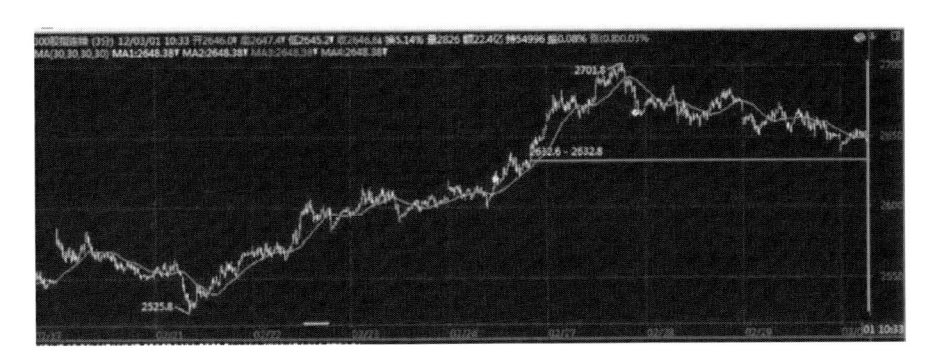

圖 4-31　第 31 筆交易

(32) 第 32 筆交易 30 點止損，賺 80 點，見圖 4-32。

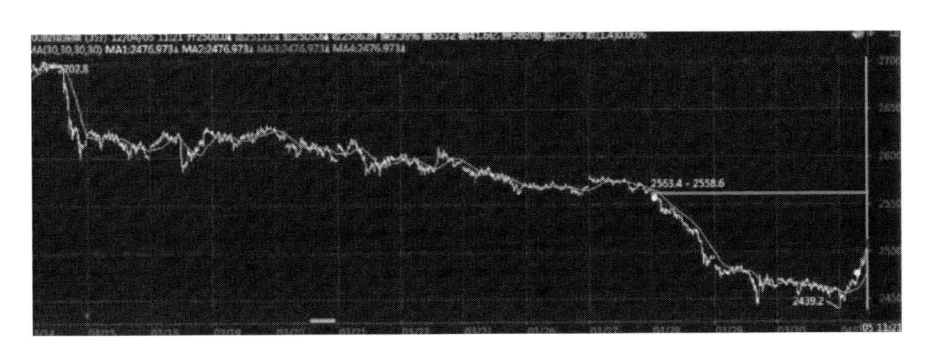

圖 4-32　第 32 筆交易

(33) 第 33 筆交易 30 點止損，賺 30 點，見圖 4-33。

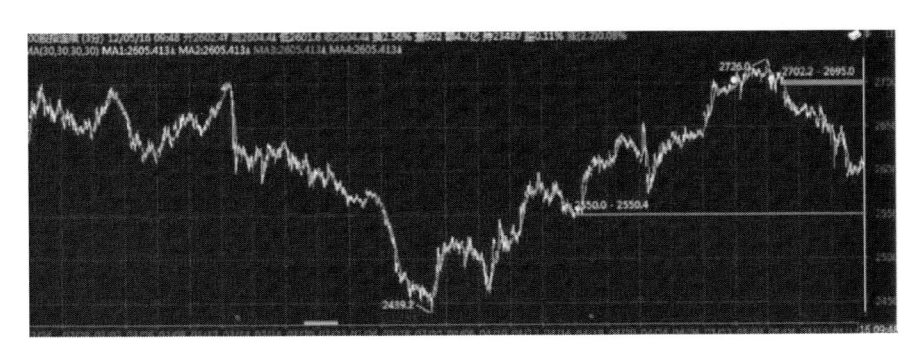

圖 4-33　第 33 筆交易

（34）第 34 筆交易 60 點止損，賺 0，見圖 4-34。

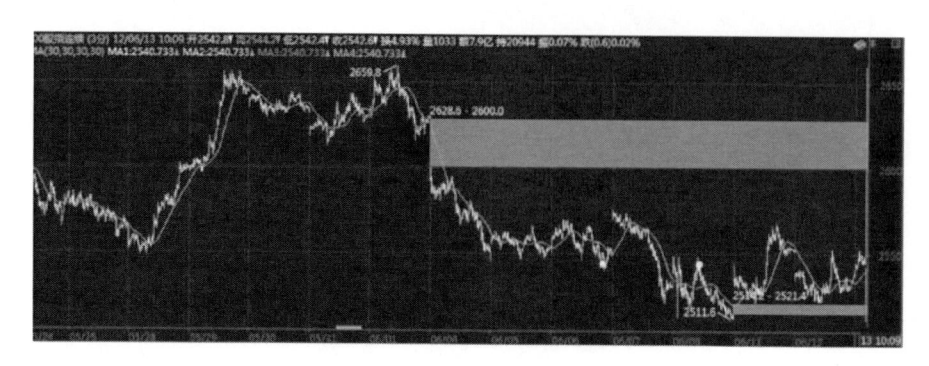

圖 4-34　第 34 筆交易

（35）第 35 筆交易 20 點止損，賺 24 點，見圖 4-35。

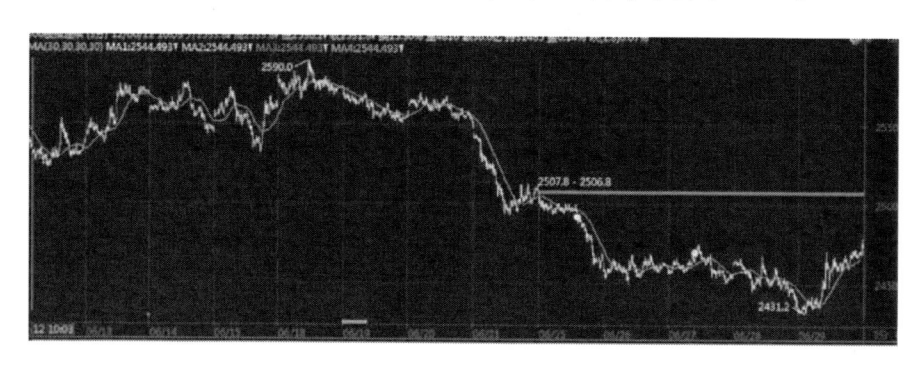

圖 4-35　第 35 筆交易

（36）第 36 筆交易 30 點止損，虧損 30 點，見圖 4-36。

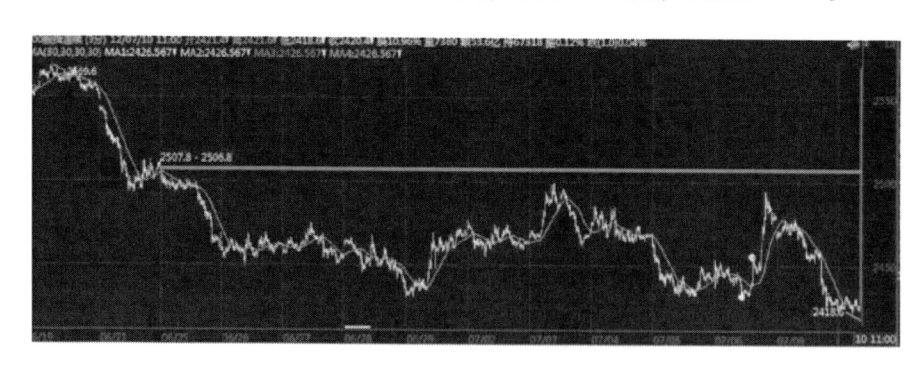

圖 4-36　第 36 筆交易

（37）第 37 筆交易 25 點止損，虧 25 點，見圖 4-37。

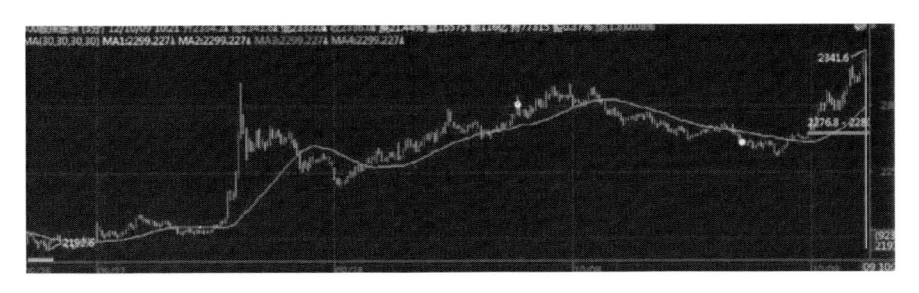

圖 4-37　第 37 筆交易

（38）第 38 筆交易 20 點止損，賺 0，見圖 4-38。

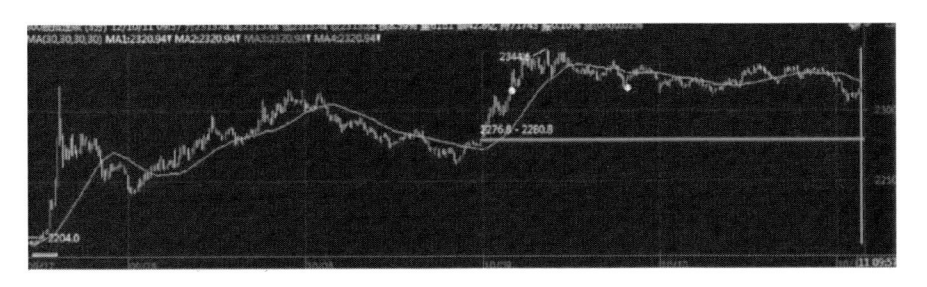

圖 4-38　第 38 筆交易

（39）第 39 筆交易 20 點止損，賺 17 點，見圖 4-39。

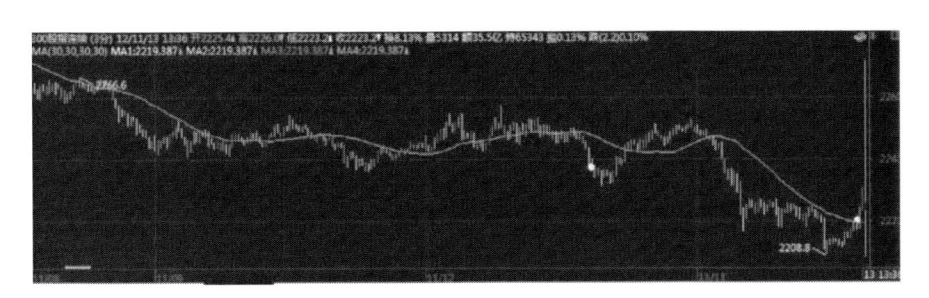

圖 4-39　第 39 筆交易

第四章　最優交易週期的選擇 | 139

（40）第 40 筆交易 30 點止損，賺 6 點，見圖 4-40。

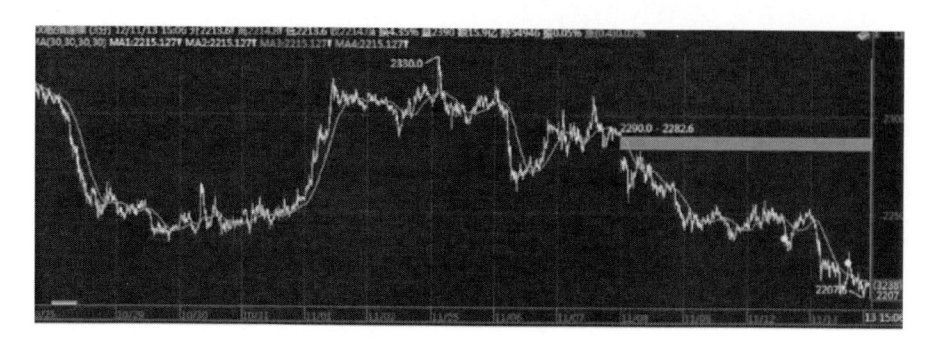

圖 4-40　第 40 筆交易

（41）第 41 筆交易 15 點止損，賺 0，見圖 4-41。

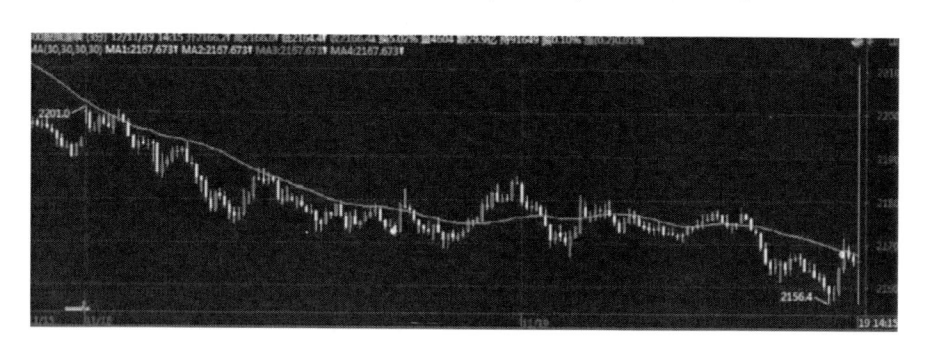

圖 4-41　第 41 筆交易

（42）第 42 筆交易 15 點止損，虧損 15 點，見圖 4-42。

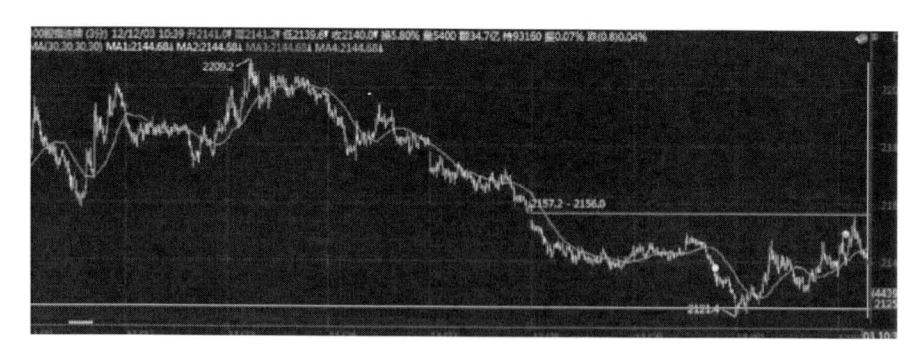

圖 4-42　第 42 筆交易

(43) 第 43 筆交易 30 點止損，賺 500 點，見圖 4-43。

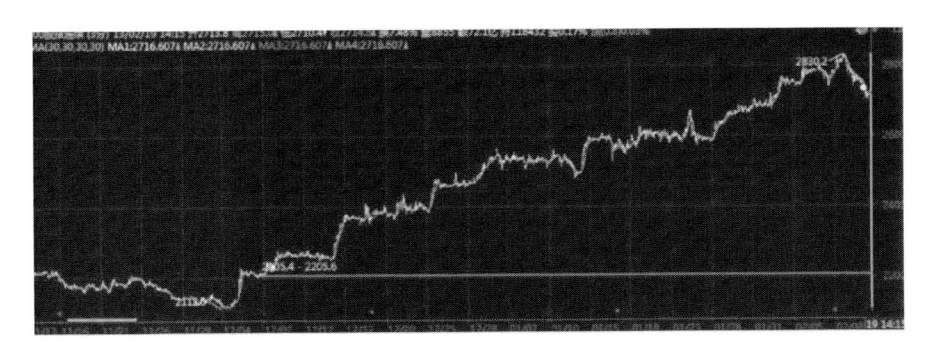

圖 4-43　第 43 筆交易

(44) 第 44 筆交易 50 點止損，虧損 50 點，見圖 4-44。

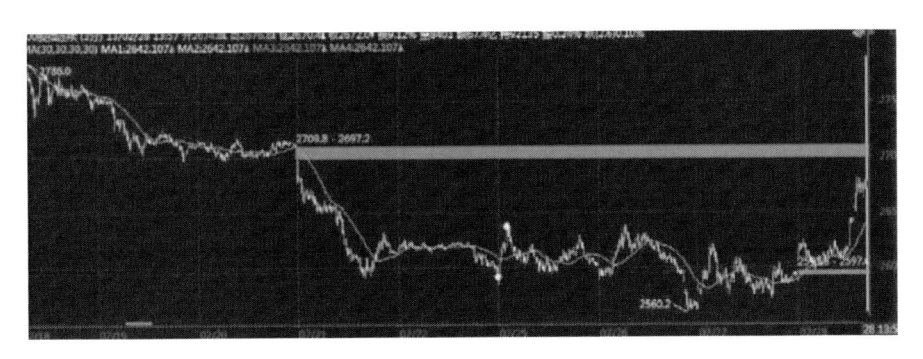

圖 4-44　第 44 筆交易

(45) 第 45 筆交易 60 點止損，虧損 60 點，見圖 4-45。

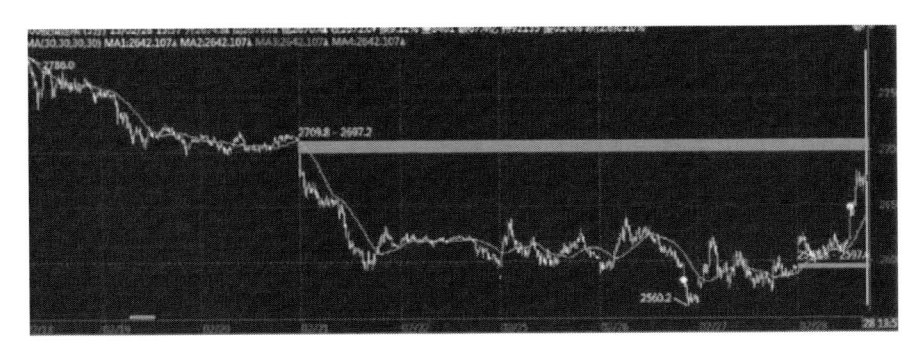

圖 4-45　第 45 筆交易

(46) 第46筆交易30點止損，虧損30點，見圖4-46。

图 4-46 第 46 筆交易

(47) 第47筆交易30點止損，虧損4點，見圖4-47。

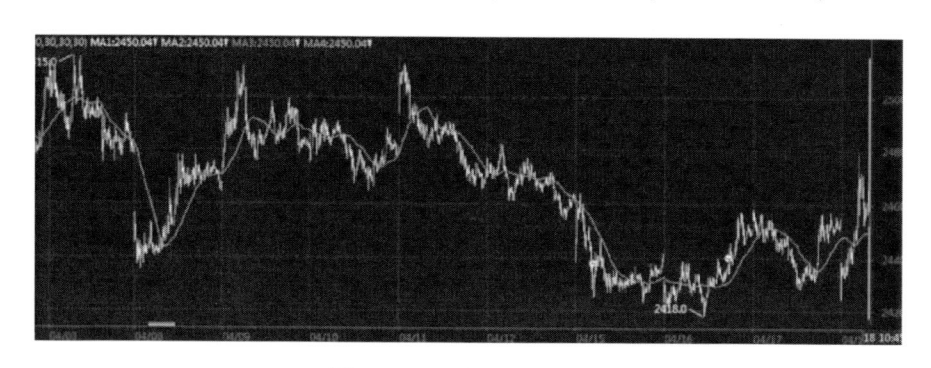

图 4-47 第 47 筆交易

(48) 第48筆交易60點止損，賺0，見圖4-48。

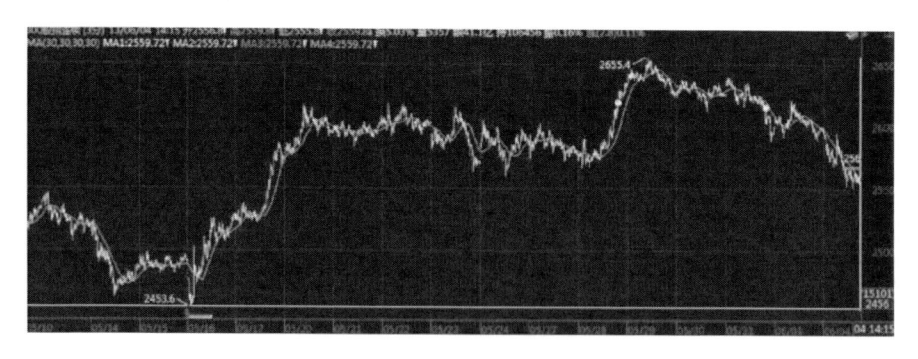

图 4-48 第 48 筆交易

（49）第 49 筆交易 40 點止損，虧 40 點，見圖 4-49。

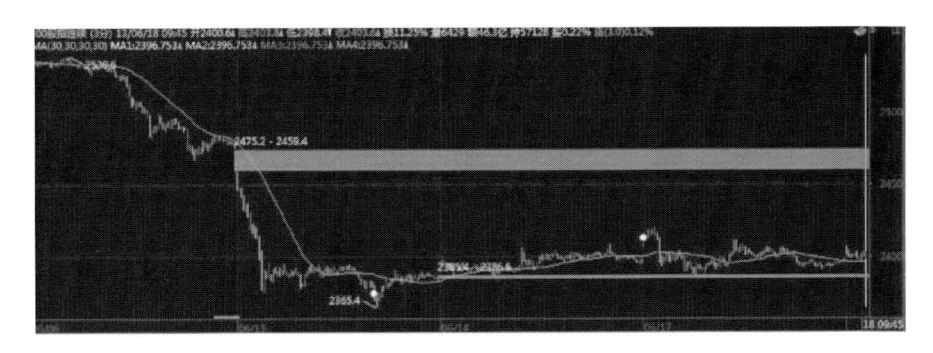

图 4-49　第 49 筆交易

（50）第 50 筆交易 60 點止損，賺 265 點，見圖 4-50。

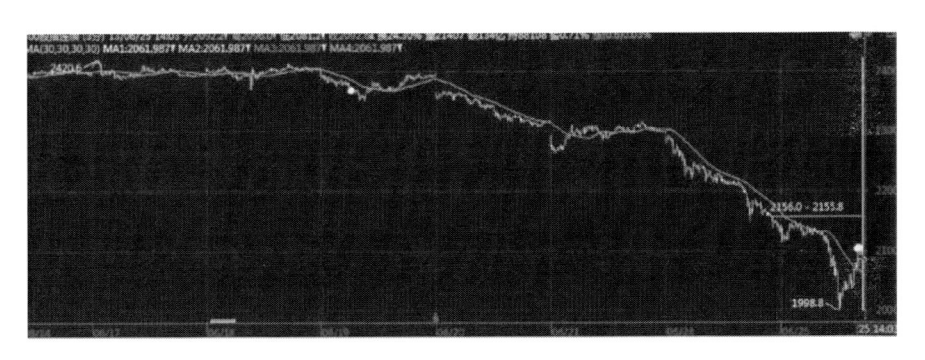

图 4-50　第 50 筆交易

（51）第 51 筆交易 40 點止損，賺 30 點，見圖 5-51。

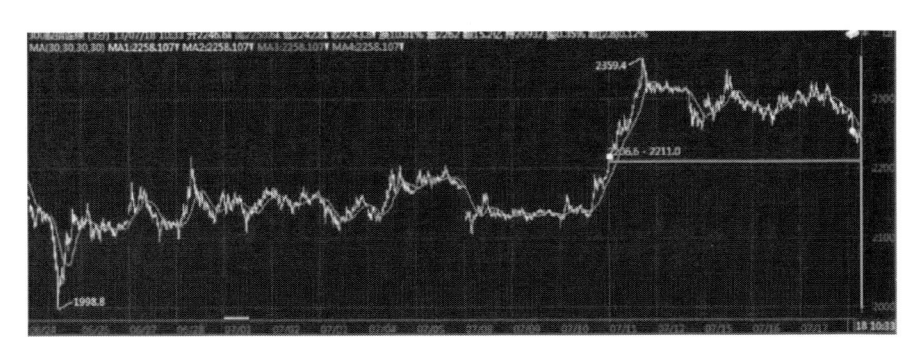

图 4-51　第 51 筆交易

第四章　最優交易週期的選擇　143

（52）第 52 筆交易 30 點止損，虧 30 點，見圖 4-52。

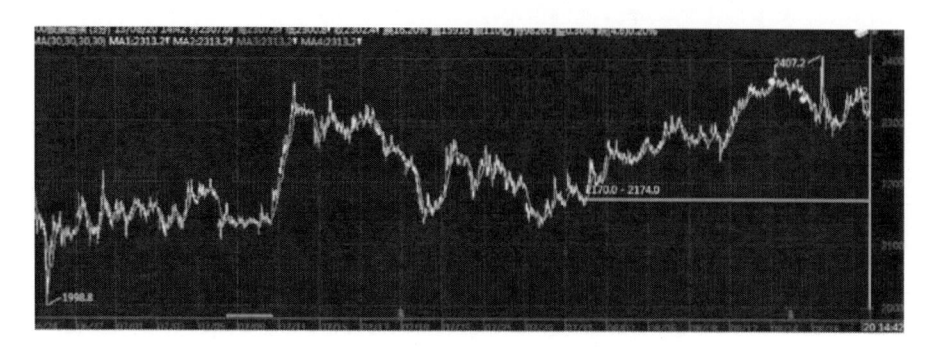

圖 4-52　第 52 筆交易

（53）第 53 筆交易 40 點止損，虧 40 點，見圖 4-53。

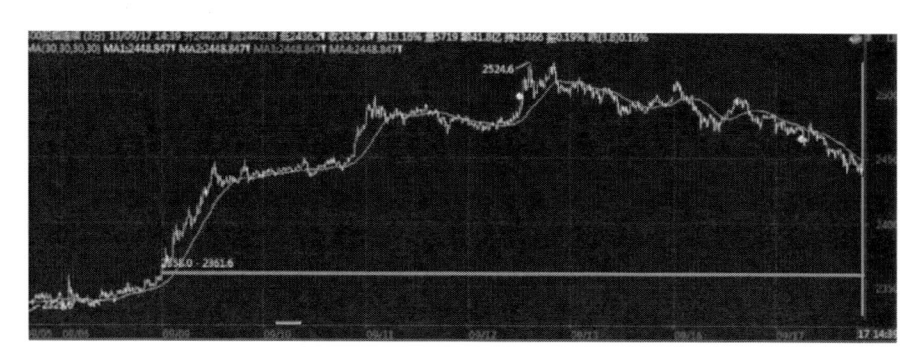

圖 4-53　第 53 筆交易

（54）第 54 筆交易 30 點止損，賺 4 點，見圖 4-54。

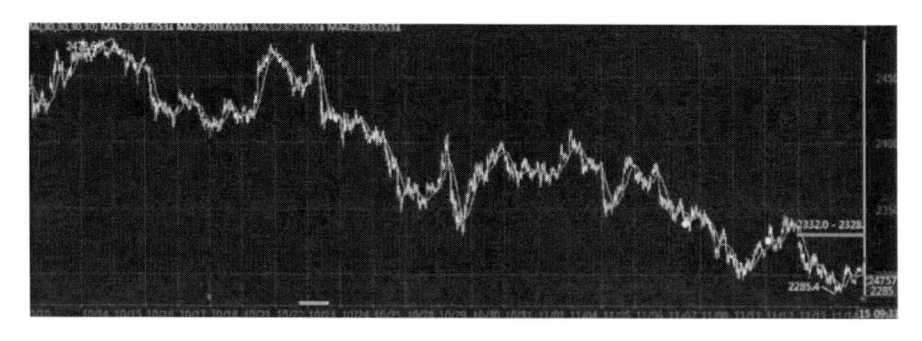

圖 4-54　第 54 筆交易

（55）第 55 筆交易 30 點止損，賺 25 點，見圖 4-55。

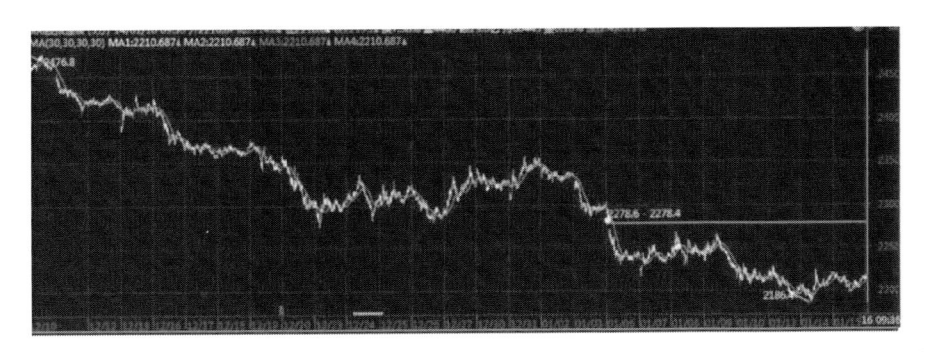

圖 4-55　第 55 筆交易

（56）第 56 筆交易 20 點止損，賺 20 點，見圖 4-56。

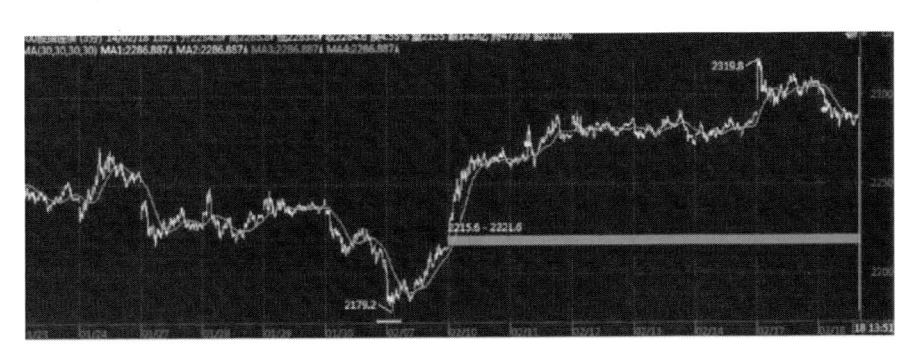

圖 4-56　第 56 筆交易

（57）第 57 筆交易 40 點止損，賺 10 點，見圖 4-57。

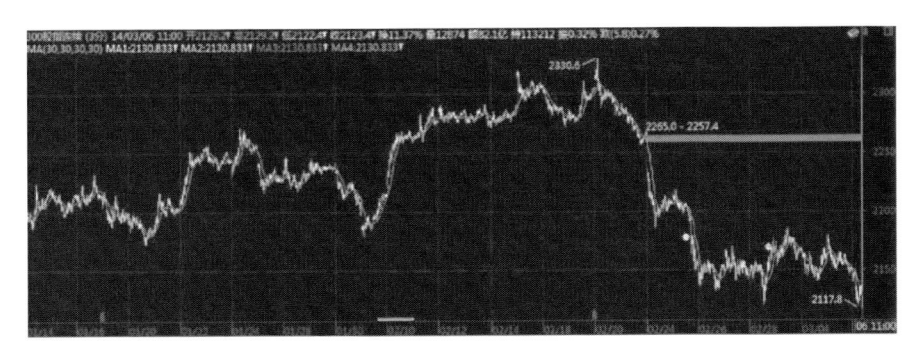

圖 4-57　第 57 筆交易

（58）第58筆交易60點止損，賺20點，見圖4-58。

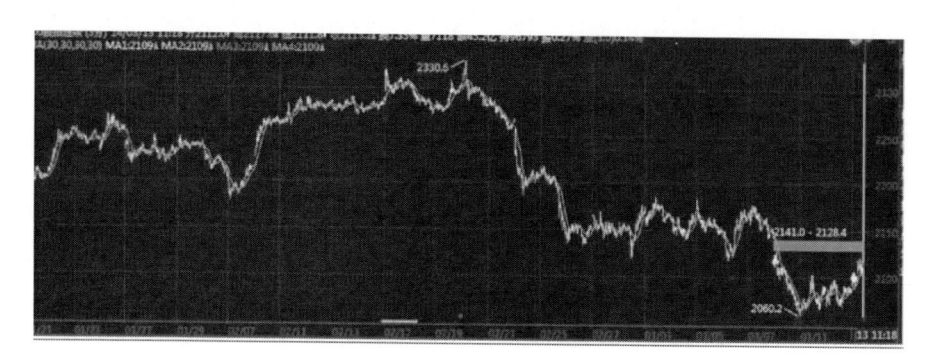

圖 4-58　第 58 筆交易

（59）第59筆交易40點止損，虧40點，見圖4-59。

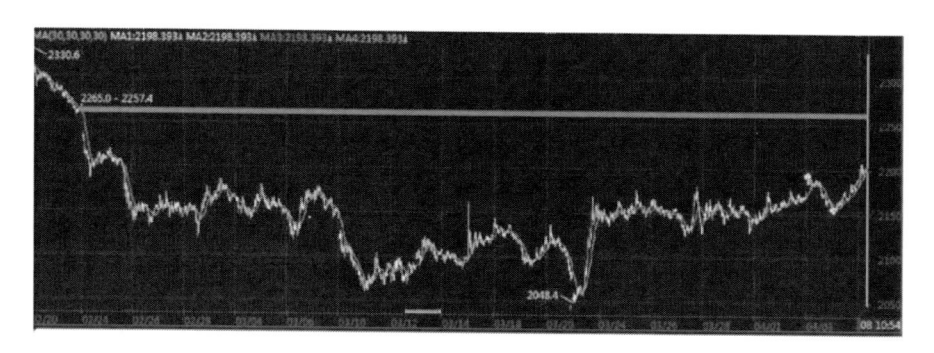

圖 4-59　第 59 筆交易

（60）第60筆交易30點止損，賺20點，見圖4-60。

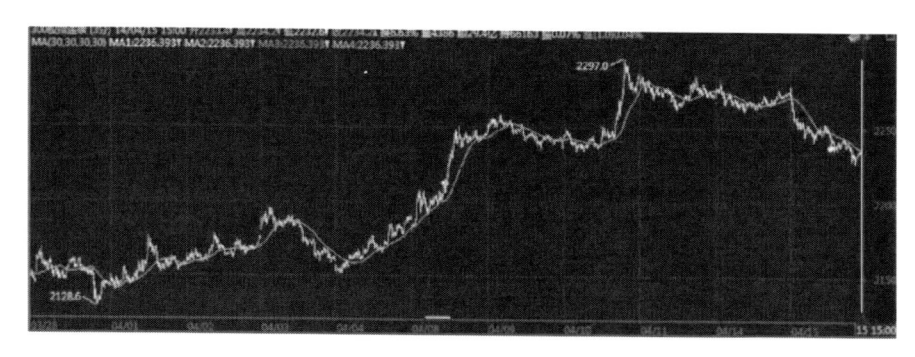

圖 4-60　第 60 筆交易

（61）第 61 筆交易 25 點止損，賺 5 點，見圖 4-61。

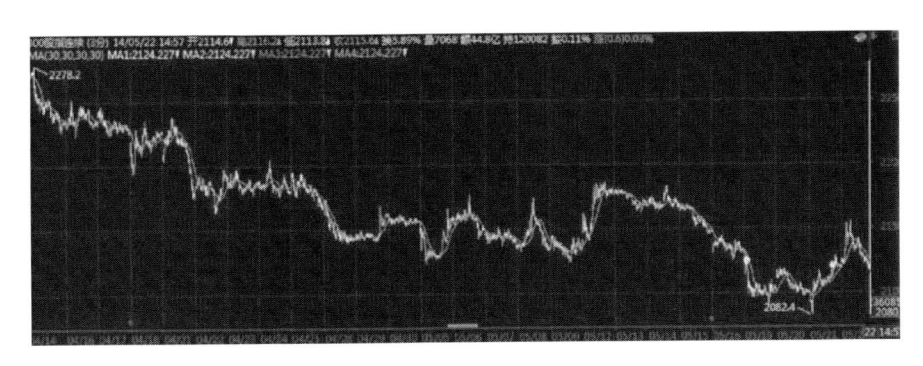

圖 4-61　第 61 筆交易

（62）第 62 筆交易 20 點止損，虧 20 點，見圖 4-62。

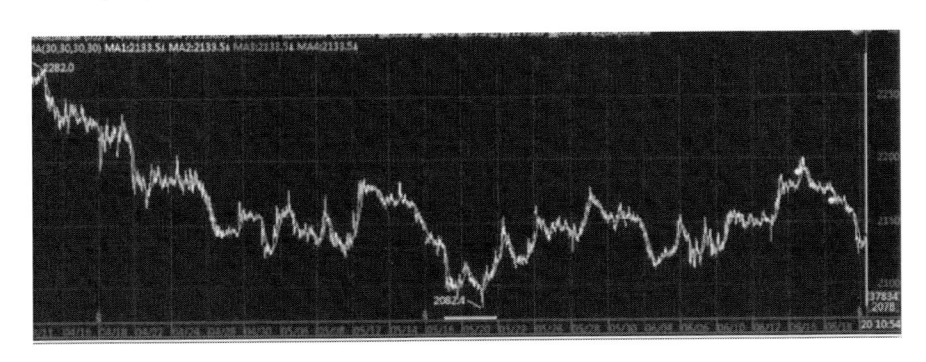

圖 4-62　第 62 筆交易

（63）第 63 筆交易 50 點止損，賺 630 點，見圖 4-63。

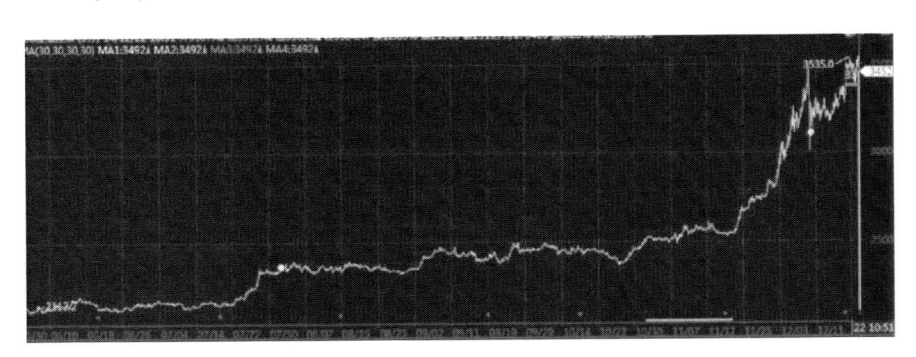

圖 4-63　第 63 筆交易

（64）第64筆交易50點止損，虧50點，見圖4-64。

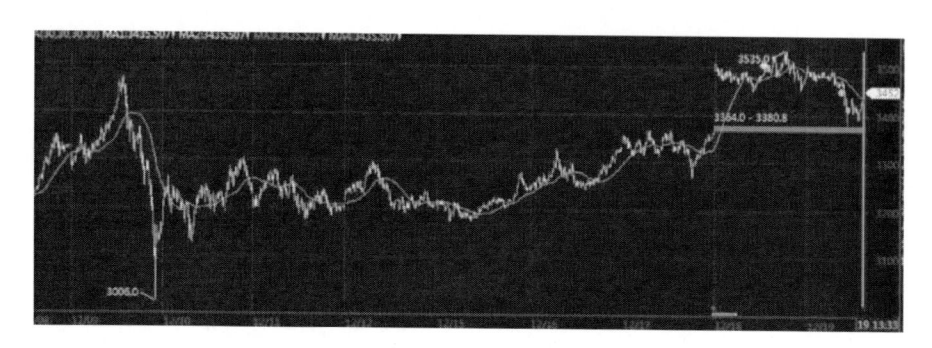

圖4-64　第64筆交易

（65）第65筆交易100點止損，虧100點，見圖4-65。

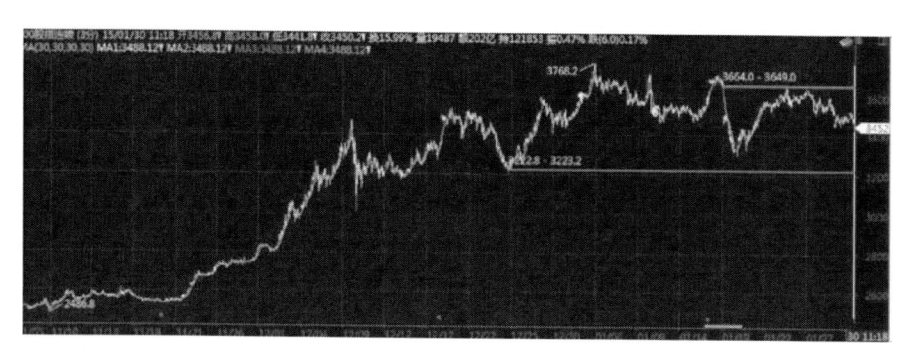

圖4-65　第65筆交易

（66）第66筆交易100點止損，賺500點，見圖4-66。

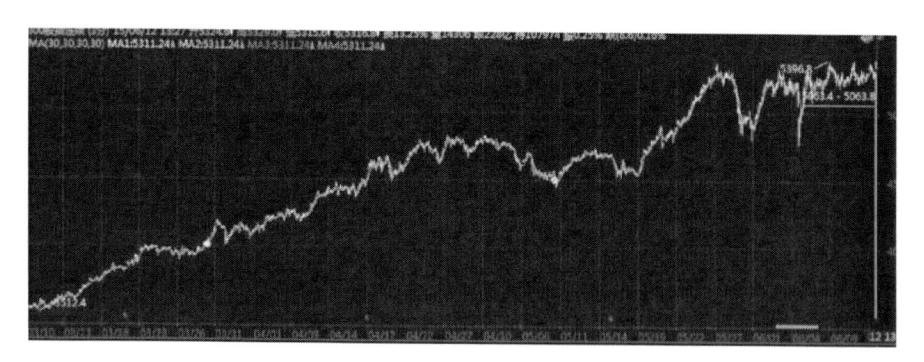

圖4-66　第66筆交易

（67）第 67 筆交易 70 點止損，虧 70 點，見圖 4-67。

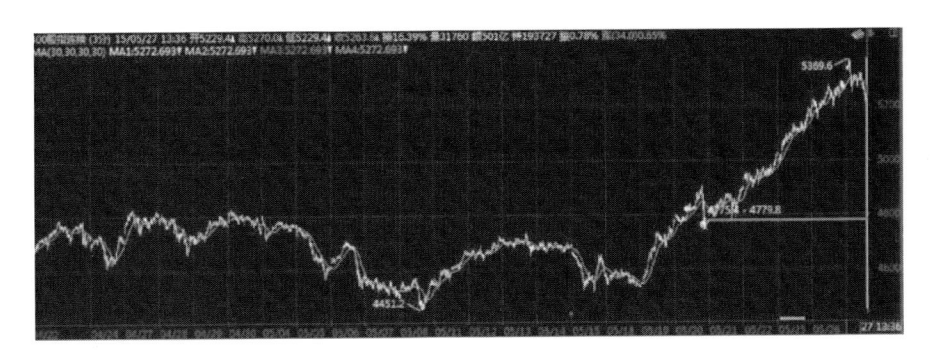

圖 4-67　第 67 筆交易

（68）第 68 筆交易 100 點止損，賺 400 點，見圖 4-68。

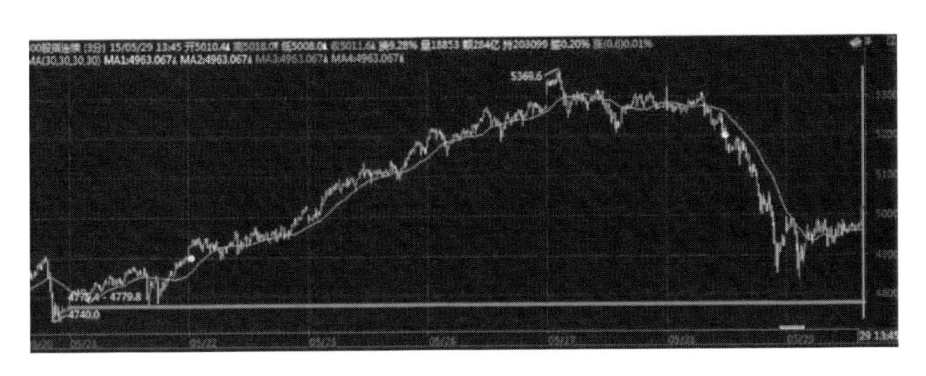

圖 4-68　第 68 筆交易

（69）第 69 筆交易 100 點止損，虧 100 點，見圖 4-69。

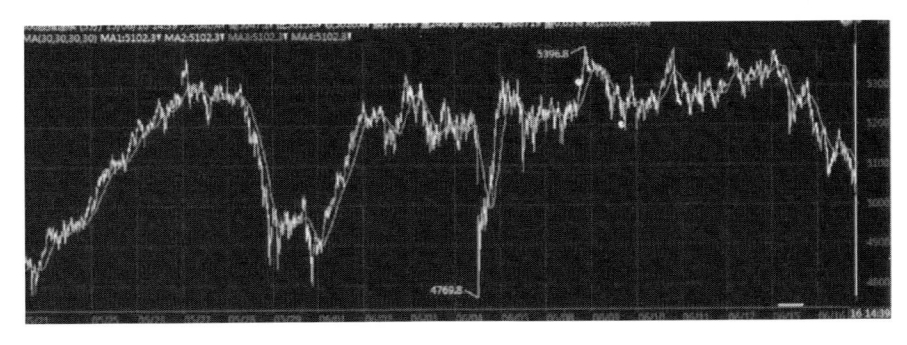

圖 4-69　第 69 筆交易

（70）第70筆交易200點止損，虧200點，見圖4-70。

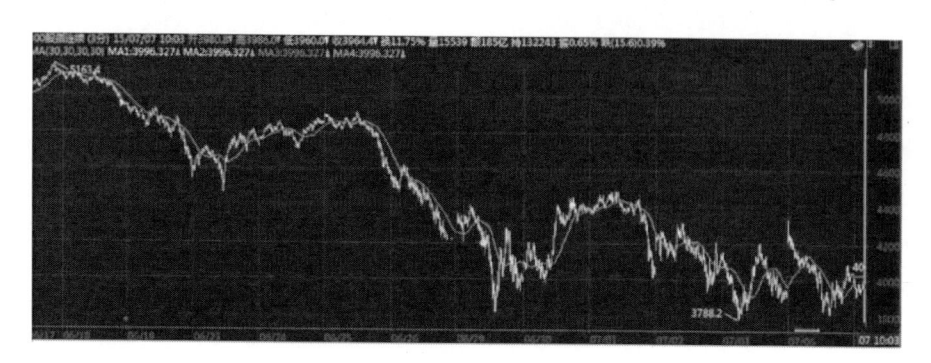

圖4-70　第70筆交易

（71）第71筆交易200點止損，賺200點，見圖4-71。

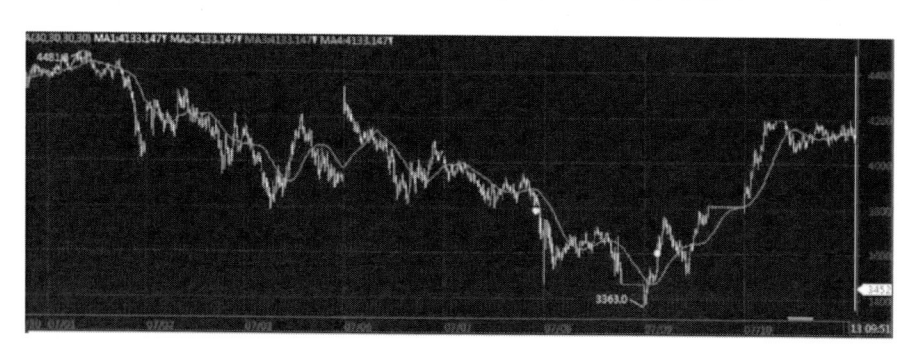

圖4-71　第71筆交易

（72）第72筆交易250點止損，賺550點，見圖4-72。

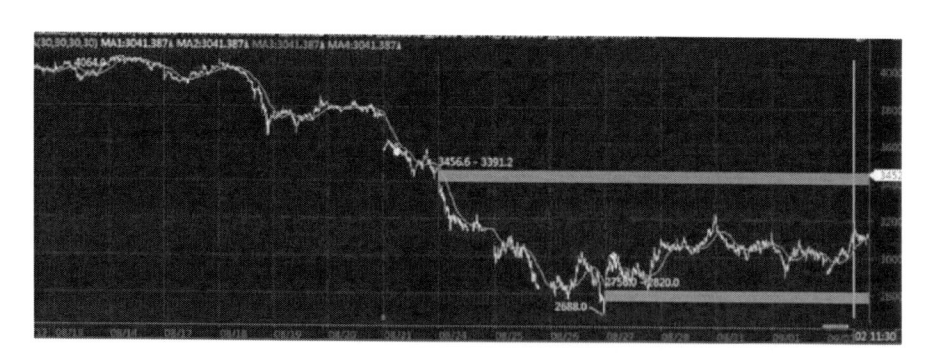

圖4-72　第72筆交易

(二) 15 分鐘 K 線交易記錄

(1) 第 1 筆交易止損 50 點，盈虧 300，見圖 4-73。

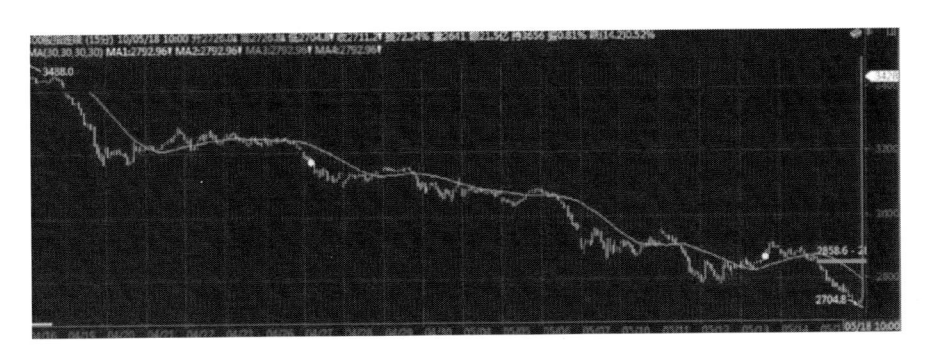

圖 4-73　第 1 筆交易

(2) 第 2 筆交易止損 100 點，盈虧 85，見圖 4-74。

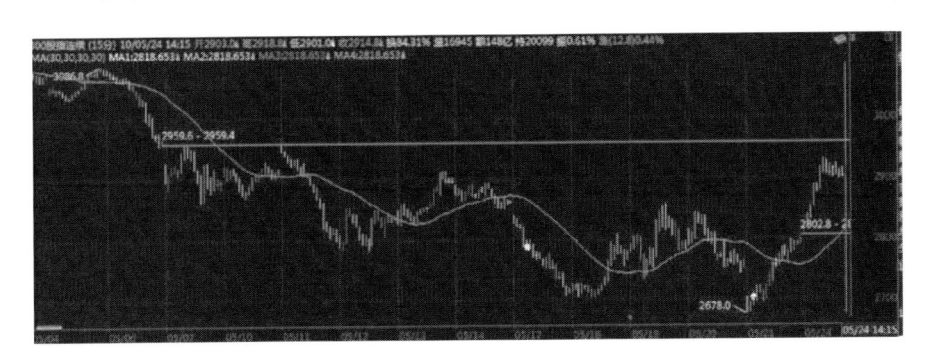

圖 4-74　第 2 筆交易

(3) 第 3 筆交易止損 50 點，盈虧 145，見圖 4-75。

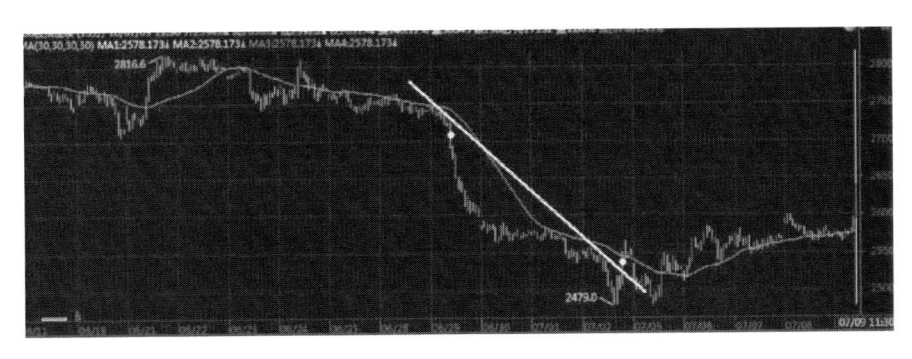

圖 4-75　第 3 筆交易

（4）第4筆交易止損40點，盈虧20，見圖4-76。

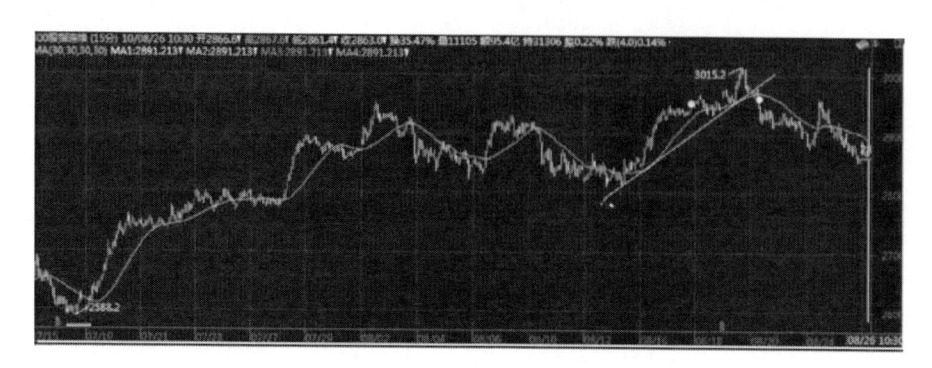

圖4-76　第4筆交易

（5）第5筆交易止損50點，盈虧305，見圖4-77。

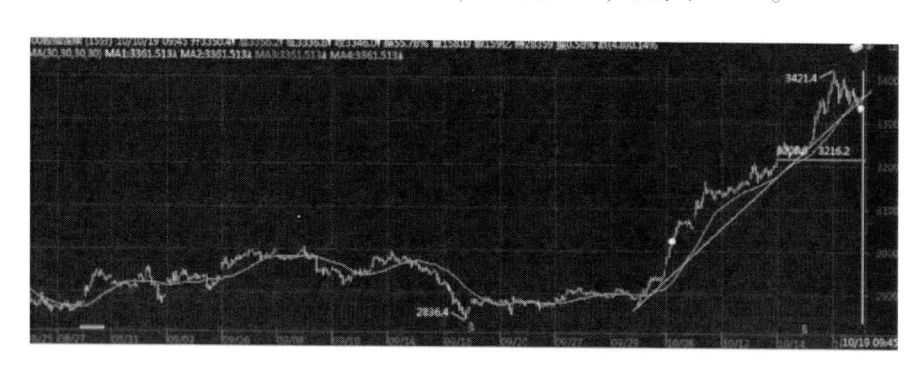

圖4-77　第5筆交易

（6）第6筆交易止損50點，盈虧-50，見圖4-78。

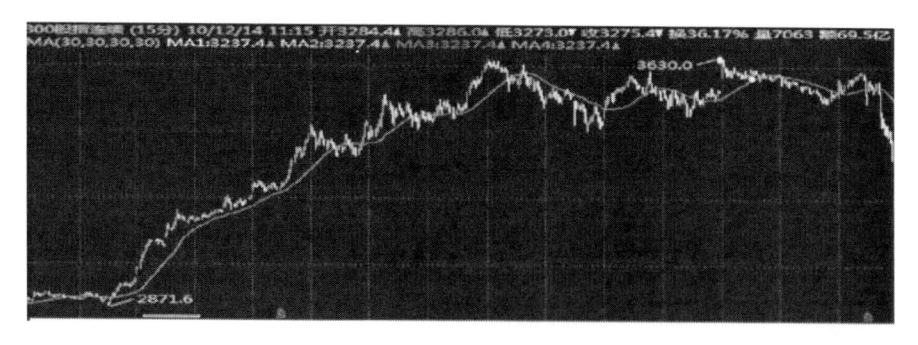

圖4-78　第6筆交易

（7）第 7 筆交易止損 100 點，盈虧 100，見圖 7-79。

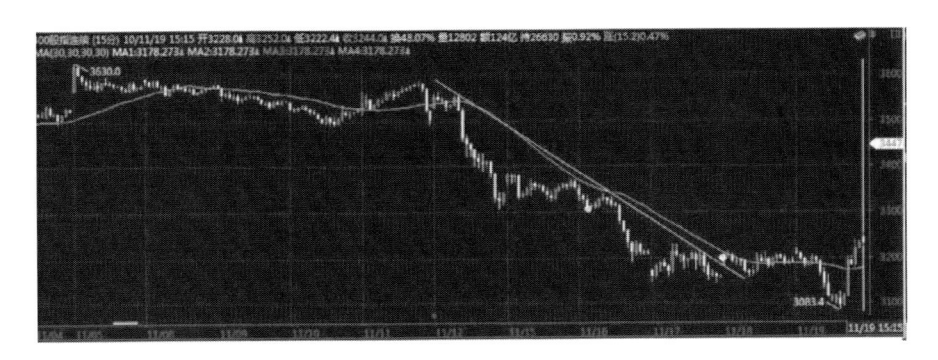

圖 7-79　第 7 筆交易

（8）第 8 筆交易止損 100 點，盈虧 -100，見圖 4-80。

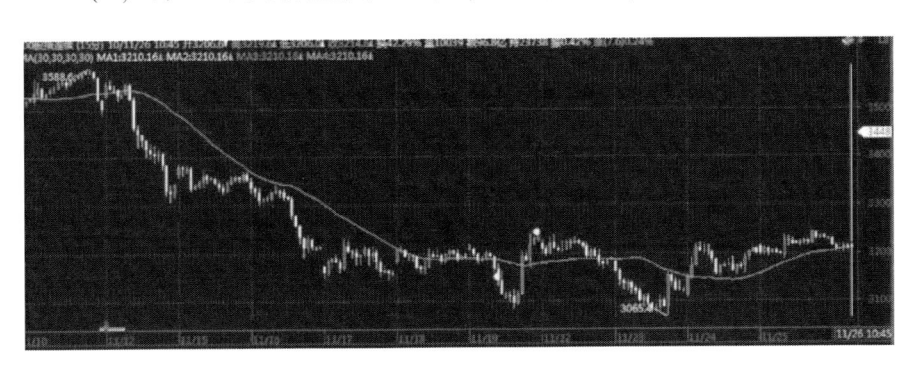

圖 4-80　第 8 筆交易

（9）第 9 筆交易止損 40 點，盈虧 0，見圖 4-81。

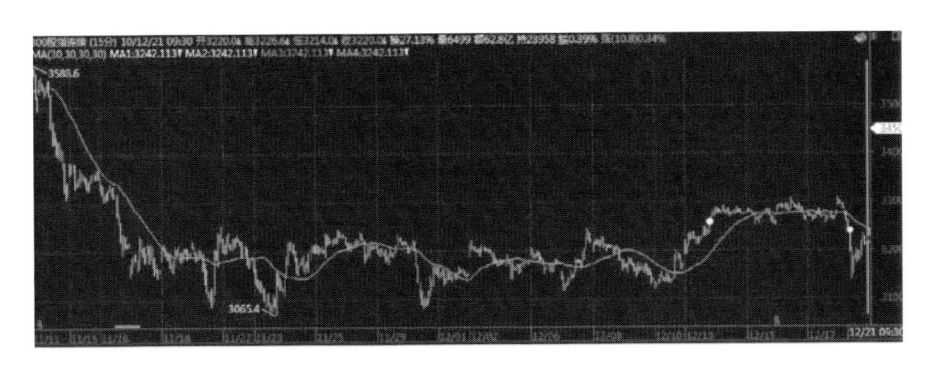

圖 4-81　第 9 筆交易

（10）第 10 筆交易止損 50 點，盈虧-50，見圖 4-82。

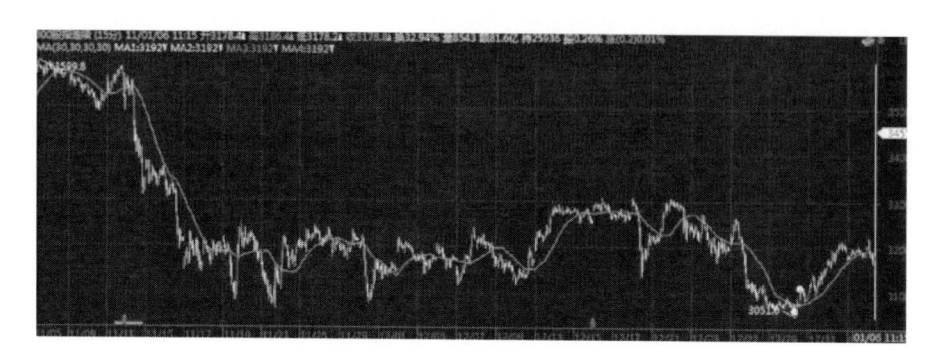

圖 4-82　第 10 筆交易

（11）第 11 筆交易止損 50 點，盈虧 50，見圖 4-83。

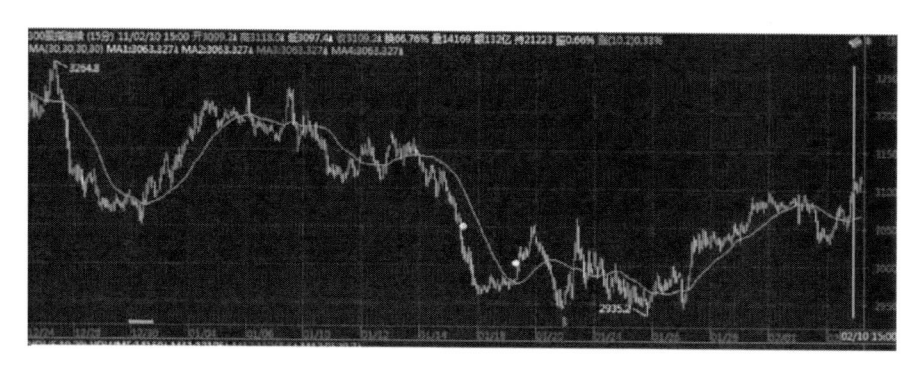

圖 4-83　第 11 筆交易

（12）第 12 筆交易止損 20 點，盈虧 20，見圖 4-84。

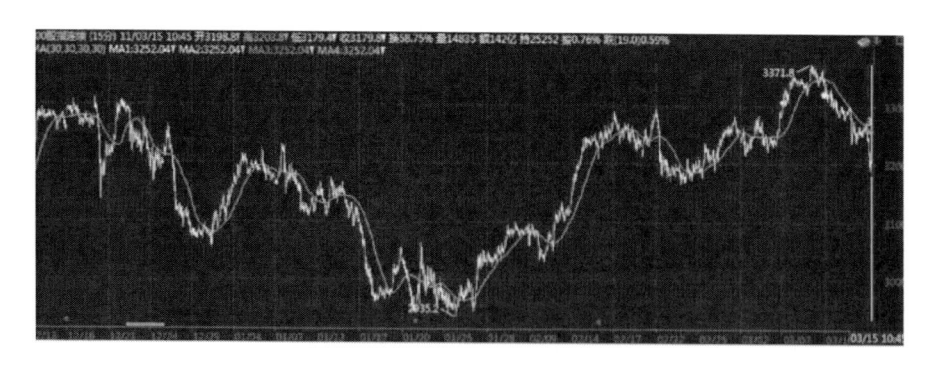

圖 4-84　第 12 筆交易

(13) 第13筆交易止損20點，盈虧-20，見圖4-85。

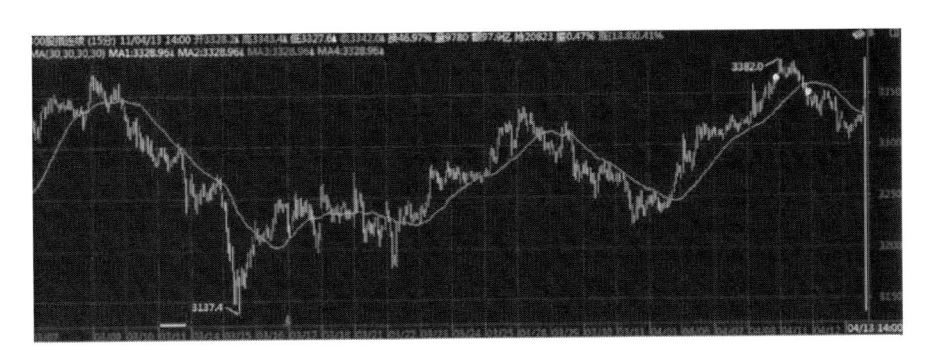

圖4-85　第13筆交易

(14) 第14筆交易止損50點，盈虧-50，見圖4-86。

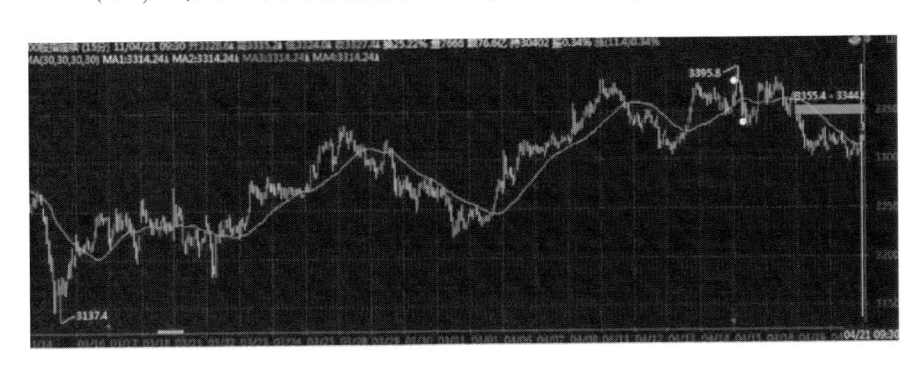

圖4-86　第14筆交易

(15) 第15筆交易止損30點，盈虧-30，見圖4-87。

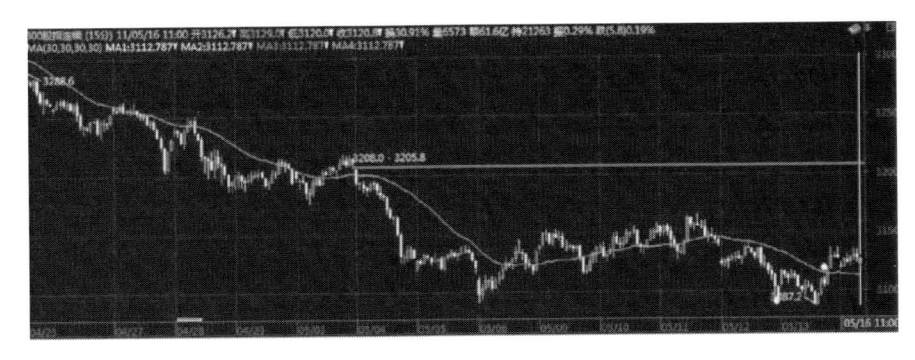

圖4-87　第15筆交易

（16）第 16 筆交易止損 50 點，盈虧-50，見圖 4-88。

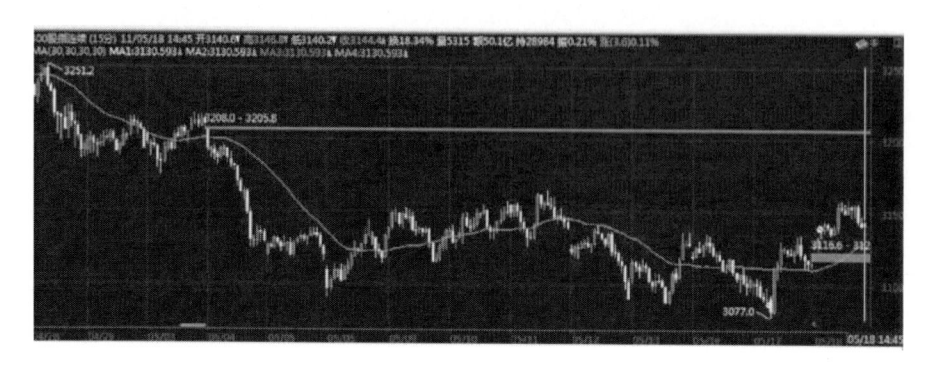

圖 4-88　第 16 筆交易

（17）第 17 筆交易止損 50 點，盈虧 50，見圖 4-89。

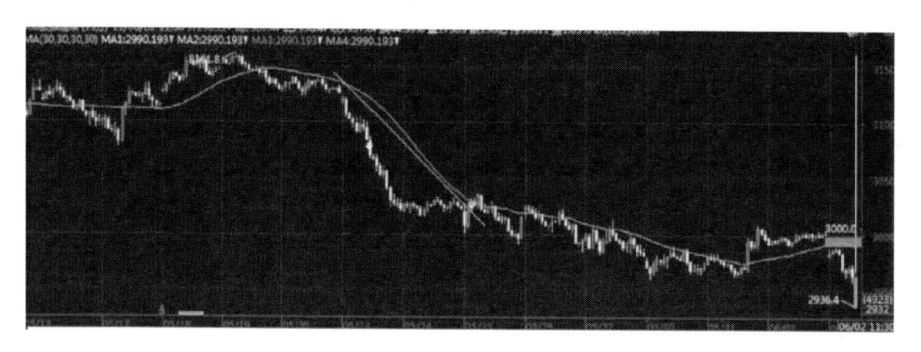

圖 4-89　第 17 筆交易

（18）第 18 筆交易止損 40 點，盈虧-40，見圖 4-90。

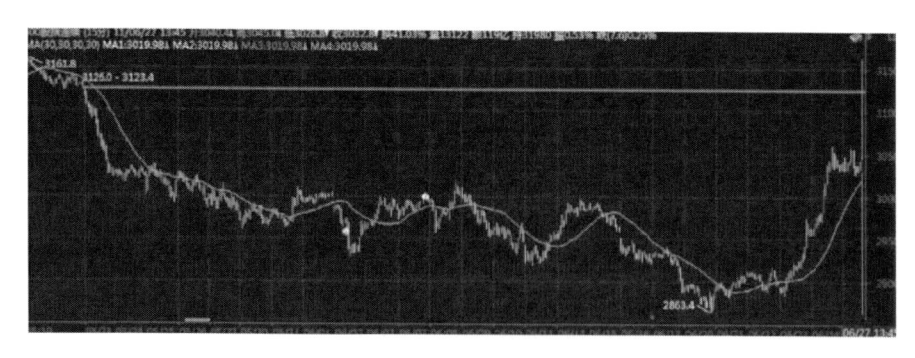

圖 4-90　第 18 筆交易

（19）第19筆交易止損40點，盈虧-40，見圖4-91。

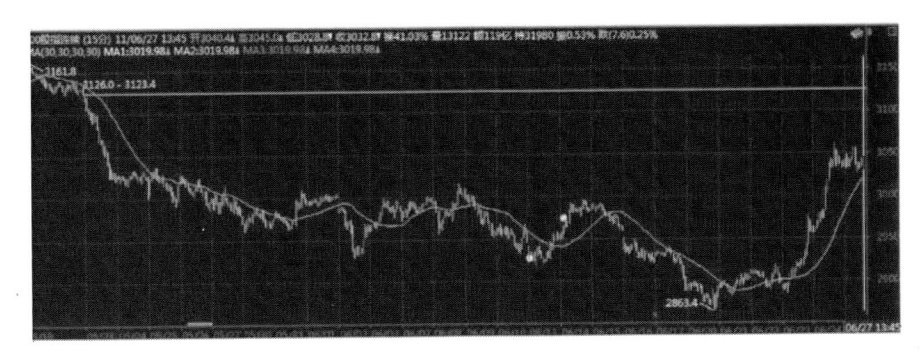

圖4-91　第19筆交易

（20）第20筆交易止損20點，盈虧20，見圖4-92。

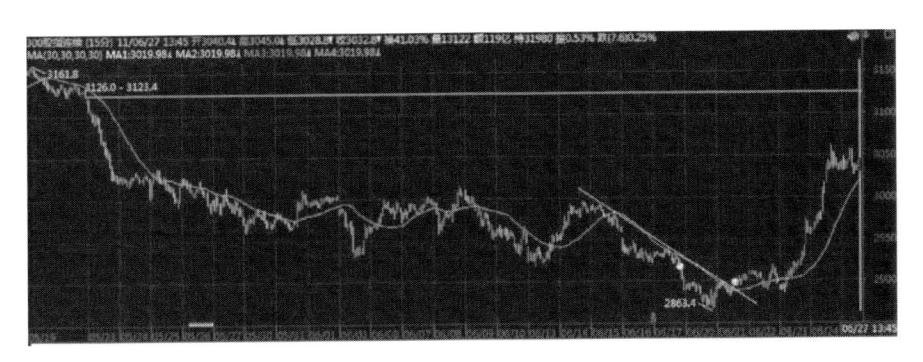

圖4-92　第20筆交易

（21）第21筆交易止損20點，盈虧-10，見圖4-93。

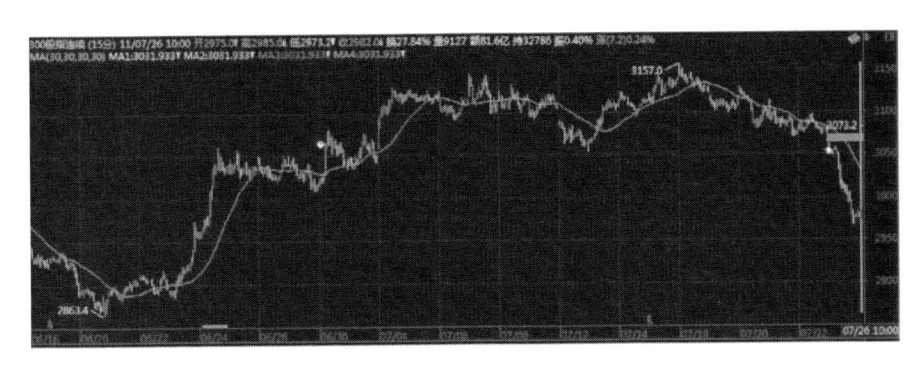

圖4-93　第21筆交易

（22）第 22 筆交易止損 40 點，盈虧 125，見圖 4-94。

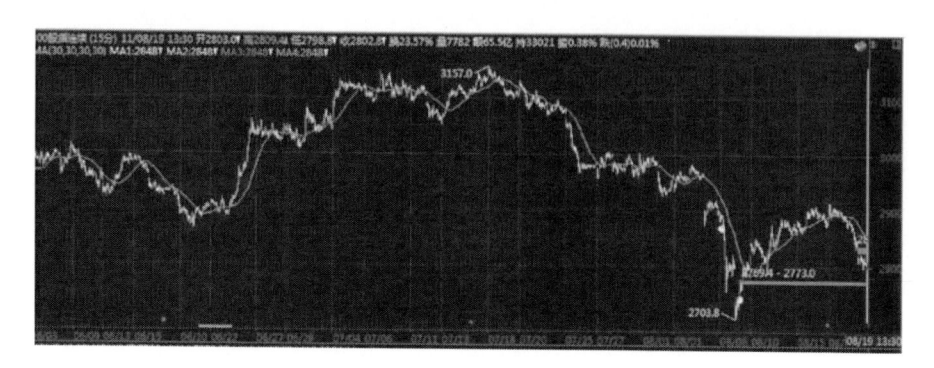

圖 4-94　第 22 筆交易

（23）第 23 筆交易止損 50 點，盈虧 -50，見圖 4-95。

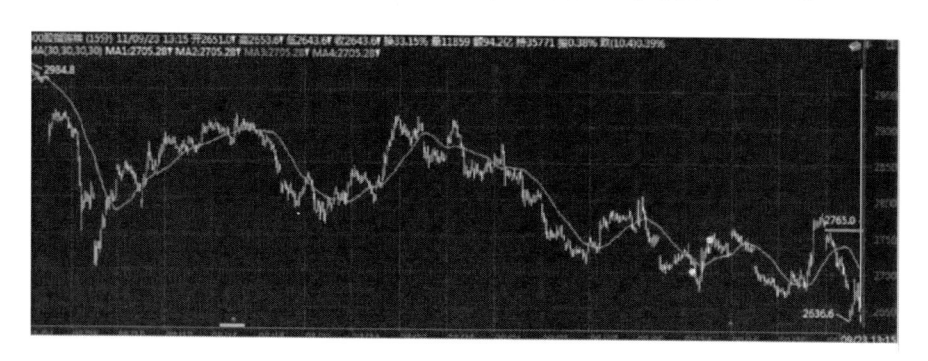

圖 4-95　第 23 筆交易

（24）第 24 筆交易止損 50 點，盈虧 -50，見圖 4-96。

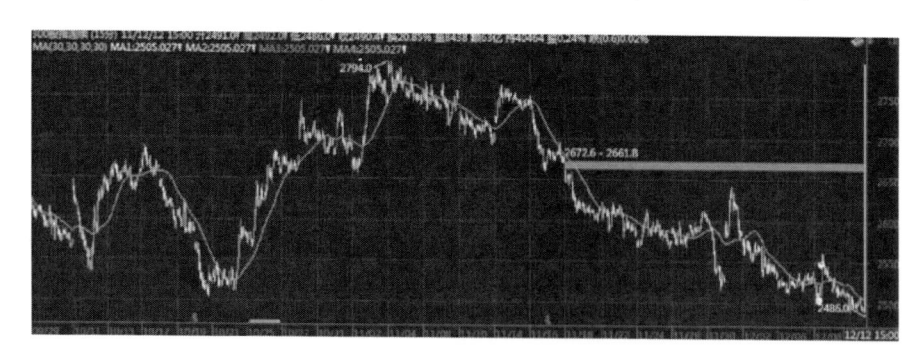

圖 4-96　第 24 筆交易

(25) 第 25 筆交易止損 50 點，盈虧 100，見圖 4-97。

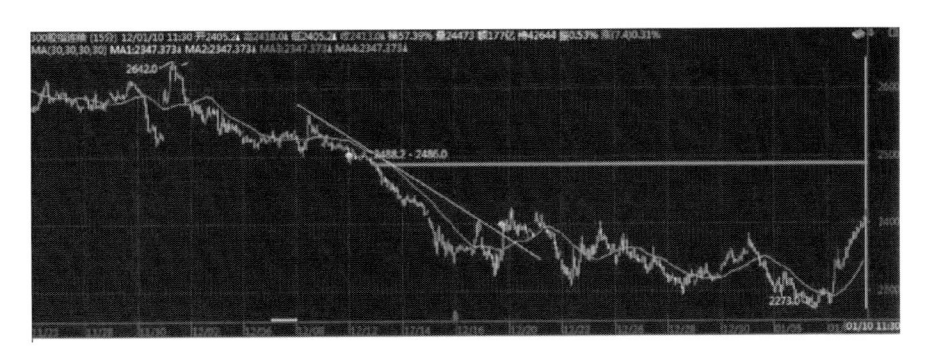

圖 4-97　第 25 筆交易

(26) 第 26 筆交易止損 50 點，盈虧-50，見圖 4-98。

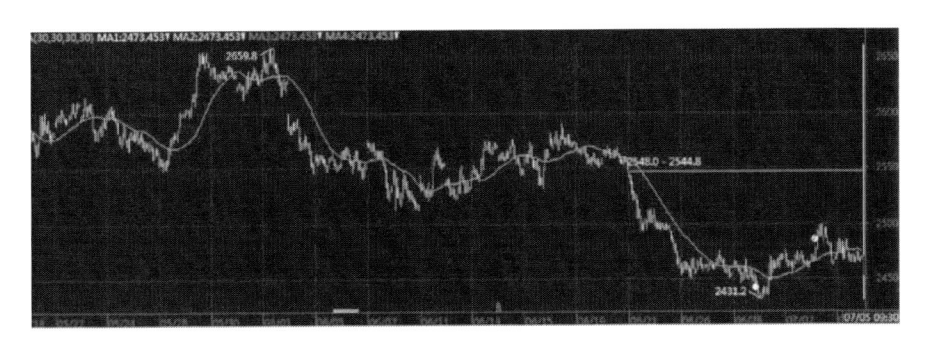

圖 4-98　第 26 筆交易

(27) 第 27 筆交易止損 30 點，盈虧-30，見圖 4-99。

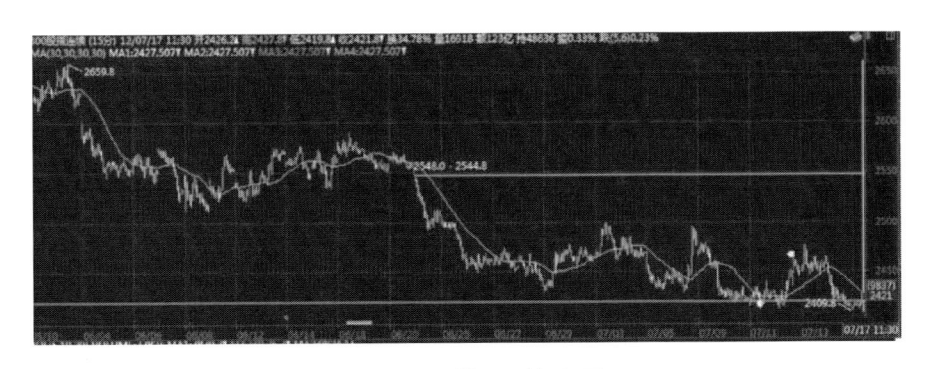

圖 4-99　第 27 筆交易

（28）第 28 筆交易止損 20 點，盈虧 40，見圖 4-100。

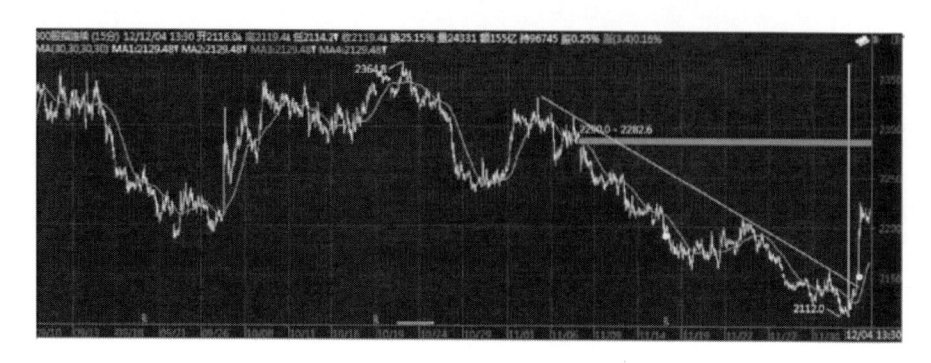

图 4-100　第 28 筆交易

（29）第 29 筆交易止損 50 點，盈虧 220，見圖 4-101。

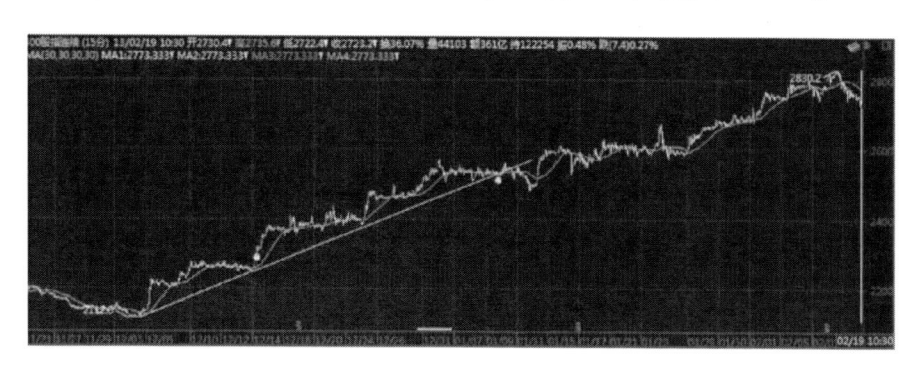

图 4-101　第 29 筆交易

（30）第 30 筆交易止損 50 點，盈虧 170，見圖 4-102。

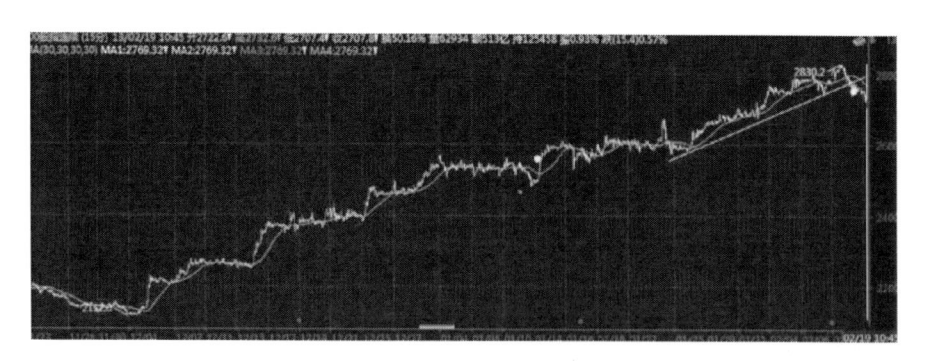

图 4-102　第 30 筆交易

（31）第 31 筆交易止損 40 點，盈虧 65，見圖 4-103。

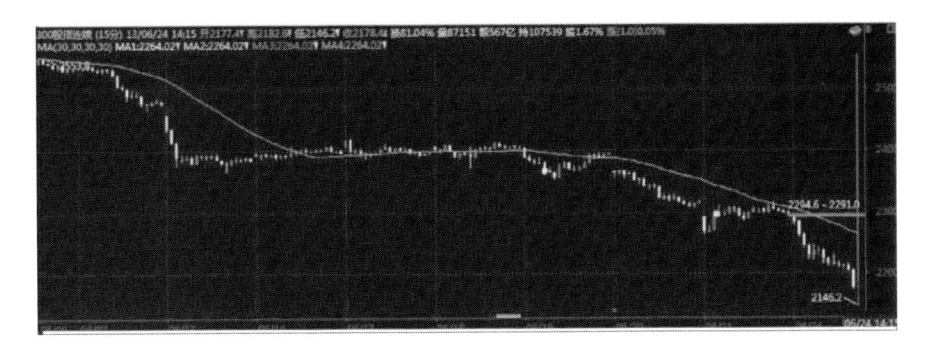

图 4-103　第 31 筆交易

（32）第 32 筆交易止損 50 點，盈虧 160，見圖 4-104。

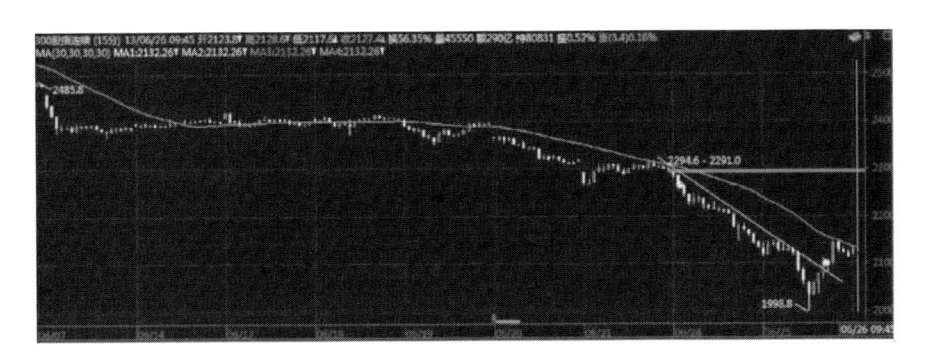

图 4-104　第 32 筆交易

（33）第 33 筆交易止損 50 點，盈虧 80，見圖 4-105。

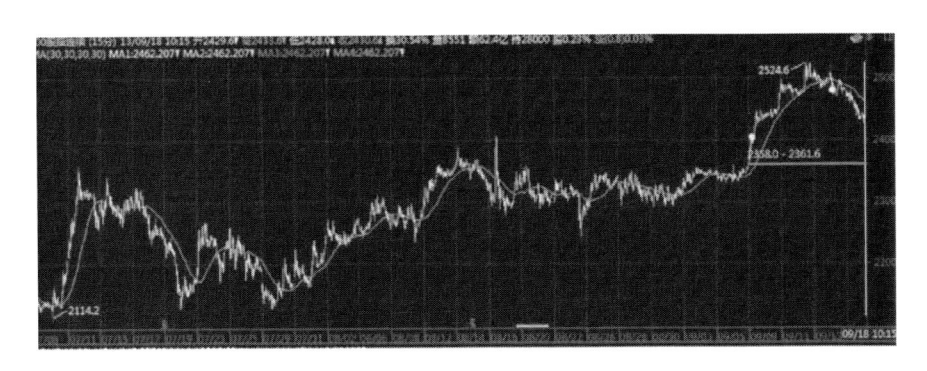

图 4-105　第 33 筆交易

第四章　最優交易週期的選擇

(34) 第 34 筆交易止損 25 點，盈虧 50，見圖 4-106。

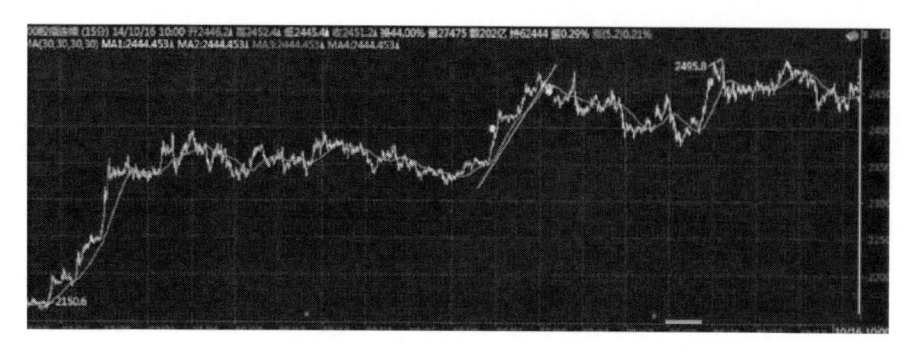

圖 4-106　第 34 筆交易

(35) 第 35 筆交易止損 50 點，盈虧 740，見圖 4-107。

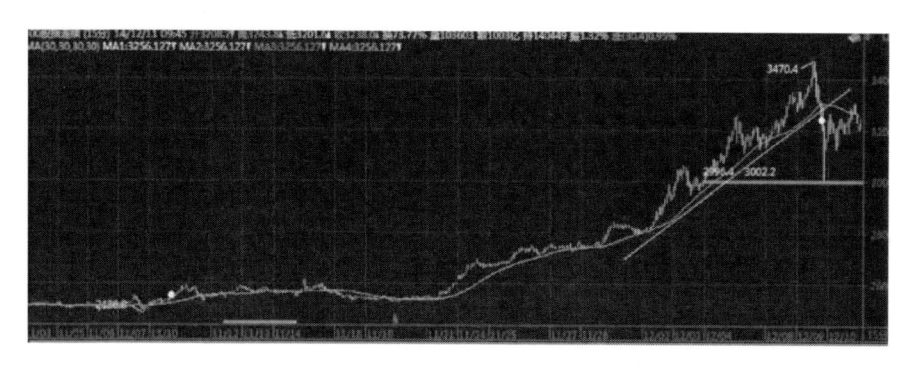

圖 4-107　第 35 筆交易

(36) 第 36 筆交易止損 80 點，盈虧 -80，見圖 4-108。

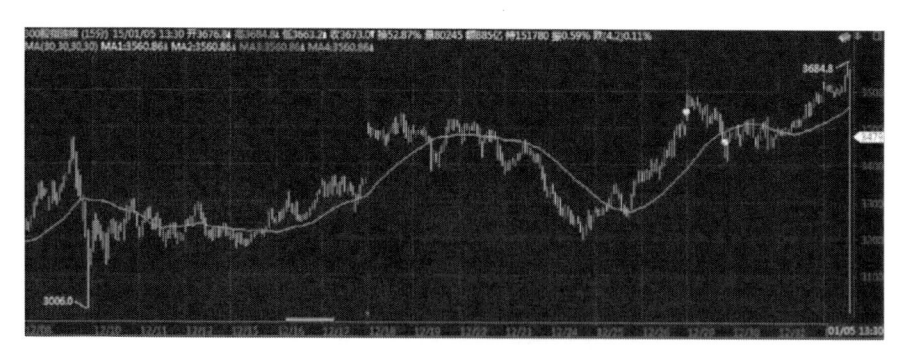

圖 4-108　第 36 筆交易

(37) 第37筆交易止損50點,盈虧-50,見圖4-109。

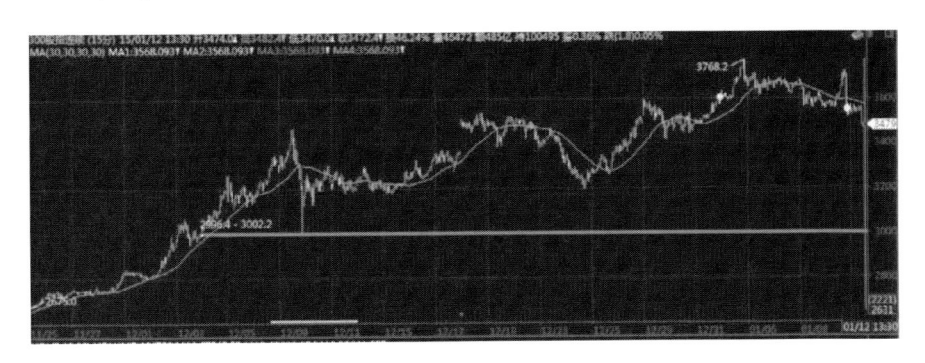

圖4-109 第37筆交易

(38) 第38筆交易止損100點,盈虧930,見圖4-110。

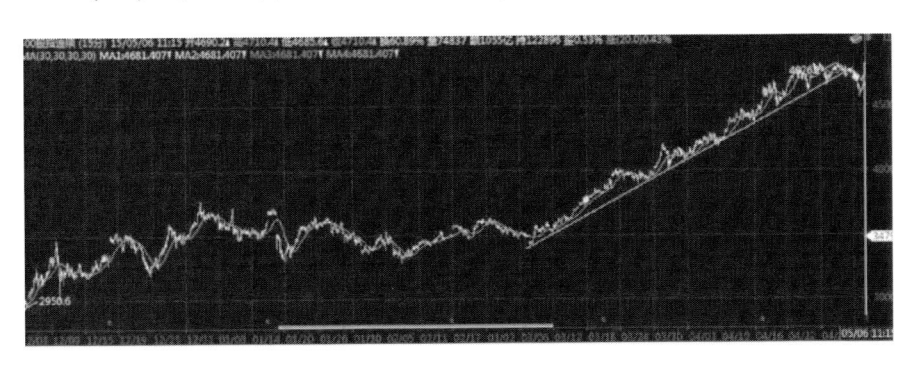

圖4-110 第38筆交易

(39) 第39筆交易止損100點,盈虧375,見圖4-111。

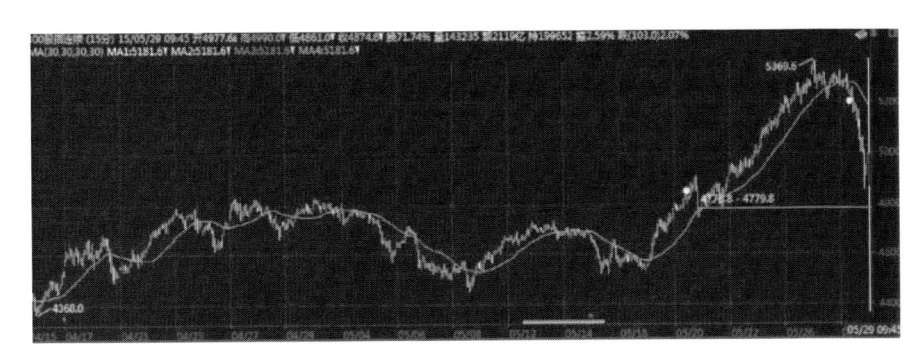

圖4-111 第39筆交易

（40）第 40 筆交易止損 200 點，盈虧-200，見圖 4-112。

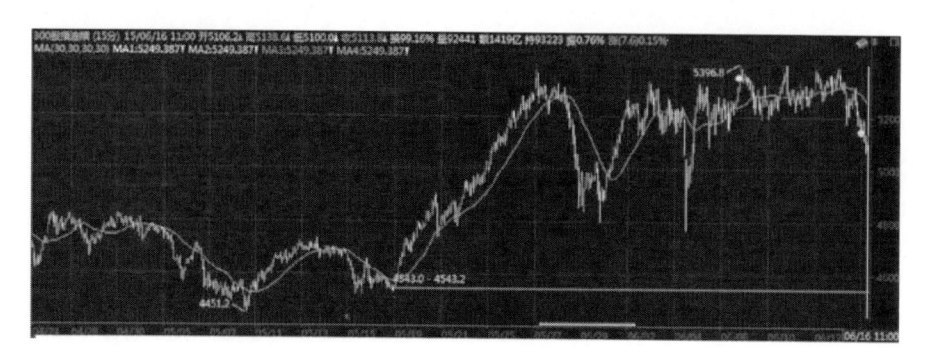

图 4-112　第 40 筆交易

（41）第 41 筆交易止損 270 點，盈虧-270，見圖 4-113。

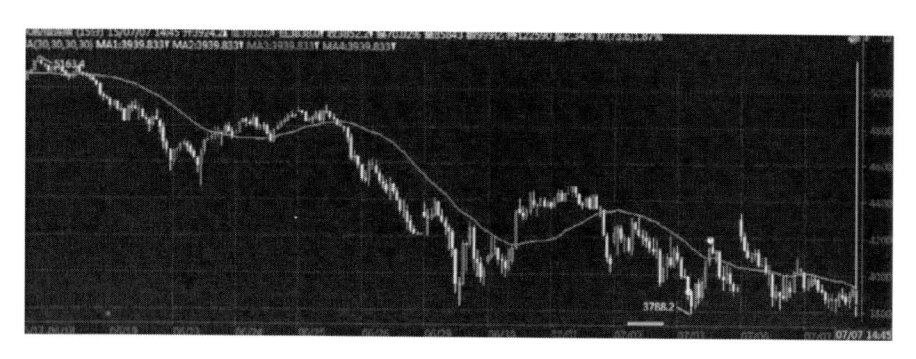

圖 4-113　第 41 筆交易

（42）第 42 筆交易止損 100 點，盈虧 0，見圖 4-114。

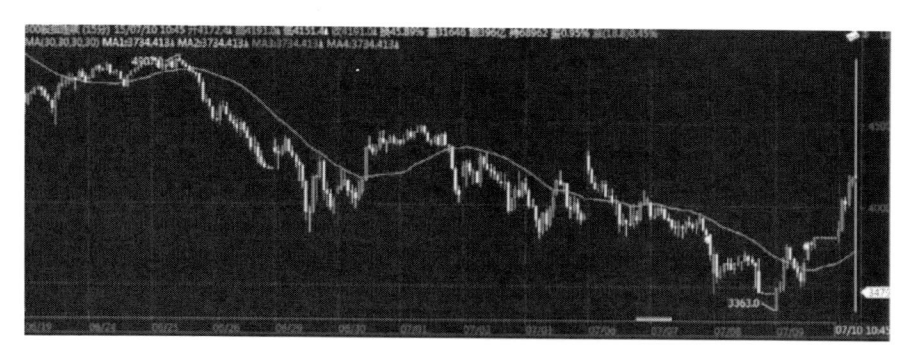

圖 4-114　第 42 筆交易

（43）第 43 筆交易止損 150 點，盈虧 500，見圖 4-115。

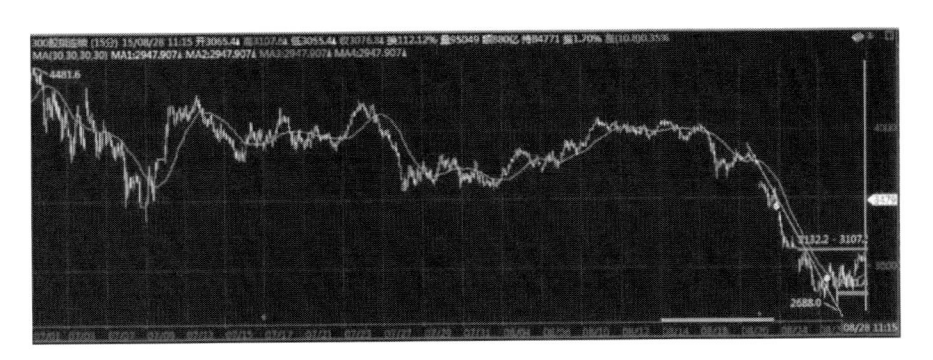

圖 4-115　第 43 筆交易

（三）60 分鐘同時段交易記錄

（1）第 1 筆交易 50 點止損，賺 230 點，見圖 4-116。

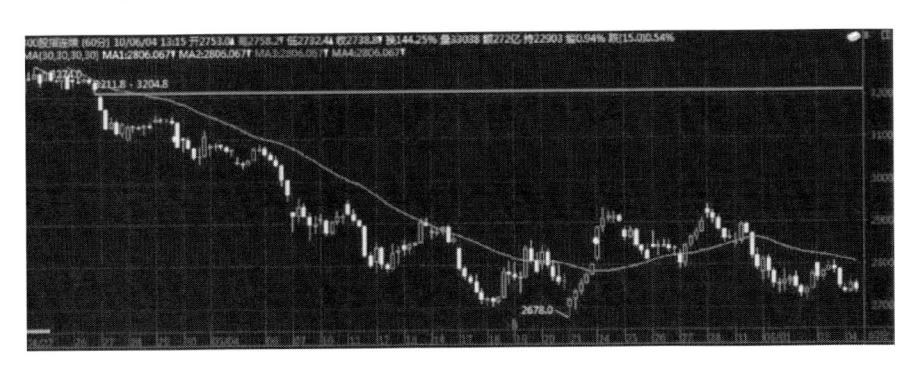

圖 4-116　第 1 筆交易

（2）第 2 筆交易 80 點止損，賺 80 點，見圖 4-117。

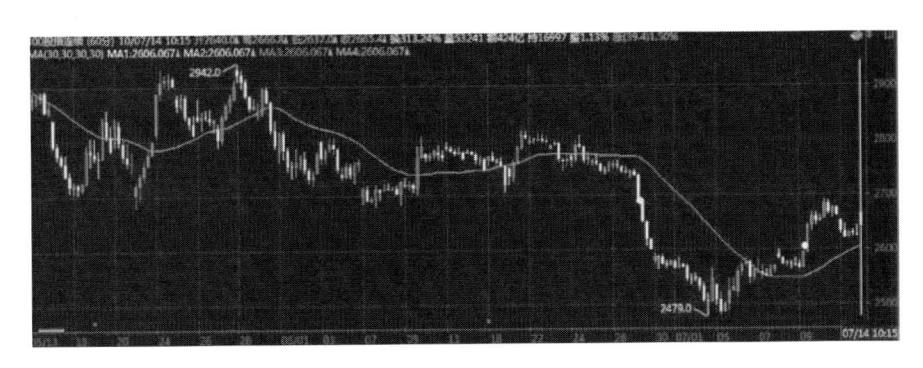

圖 4-117　第 2 筆交易

第四章　最優交易週期的選擇 | 165

（3）第 3 筆交易 40 點止損，賺 40 點，見圖 4-118。

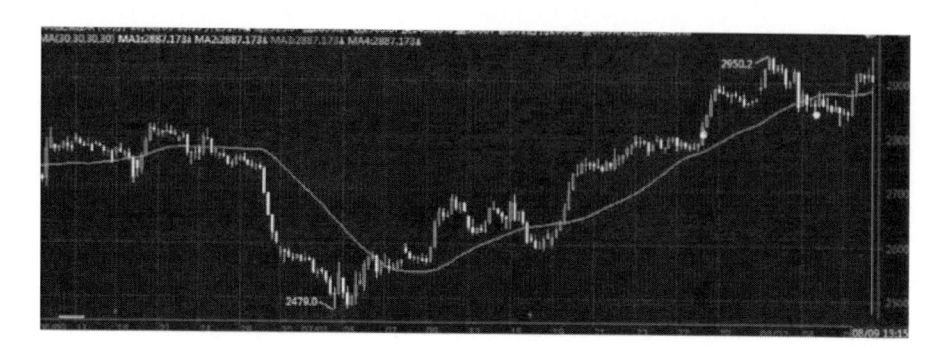

圖 4-118　第 3 筆交易

（4）第 4 筆交易 50 點止損，賺 400 點，見圖 4-119。

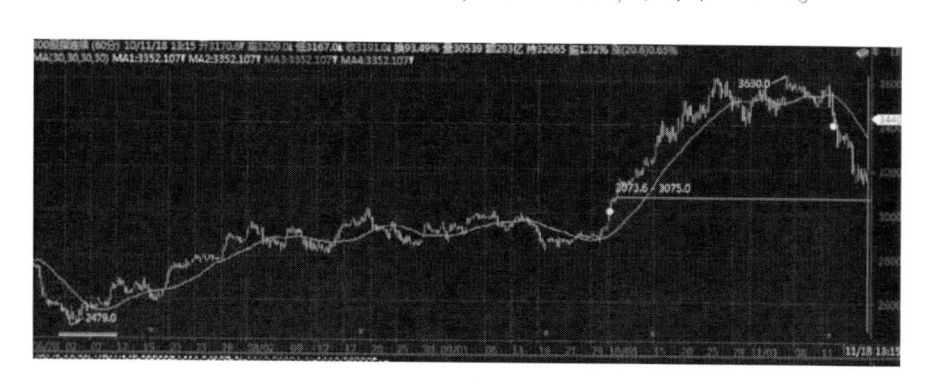

圖 4-119　第 4 筆交易

（5）第 5 筆交易 50 點止損，賺 0，見圖 4-120。

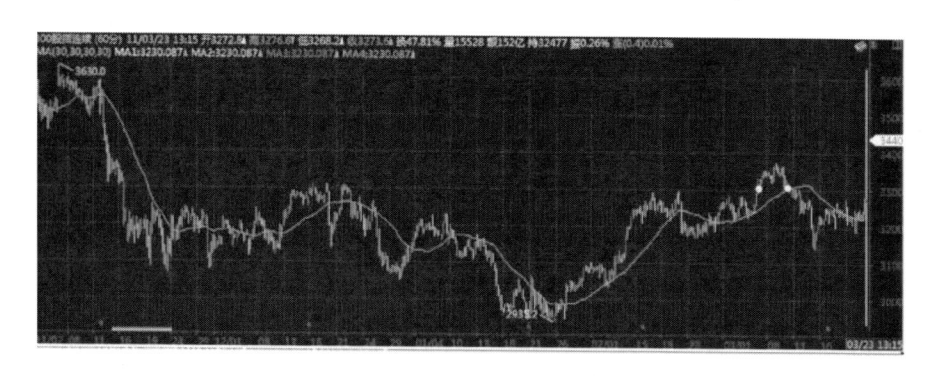

圖 4-120　第 5 筆交易

（6）第 6 筆交易 60 點止損，虧 60 點，見圖 4-121。

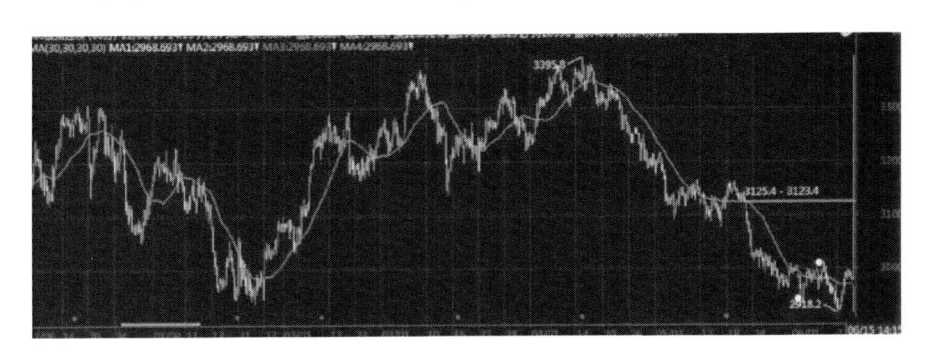

图 4-121　第 6 筆交易

（7）第 7 筆交易 80 點止損，虧 80 點，見圖 4-122。

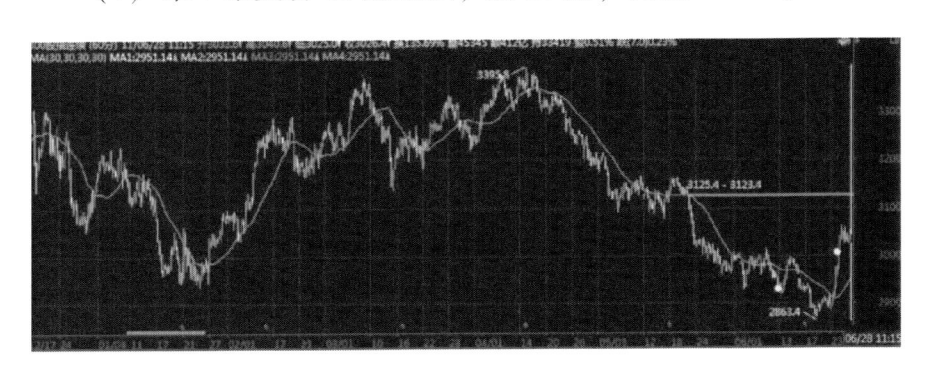

图 4-122　第 7 筆交易

（8）第 8 筆交易 120 點止損，賺 180，見圖 4-123。

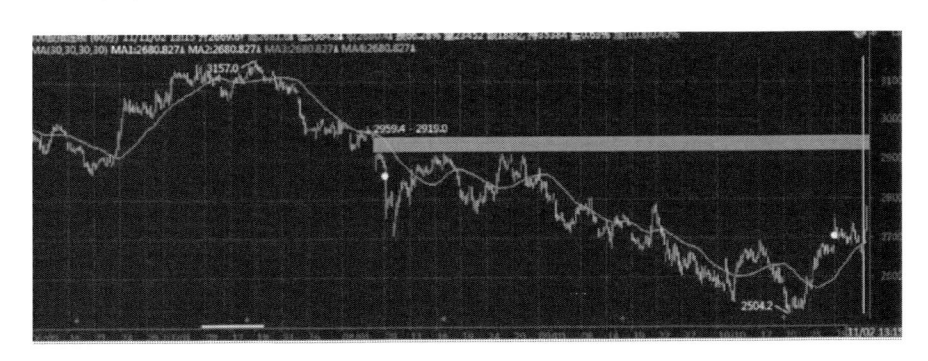

图 4-123　第 8 筆交易

(9) 第 9 筆交易 100 點止損，賺 100 點，見圖 4-124。

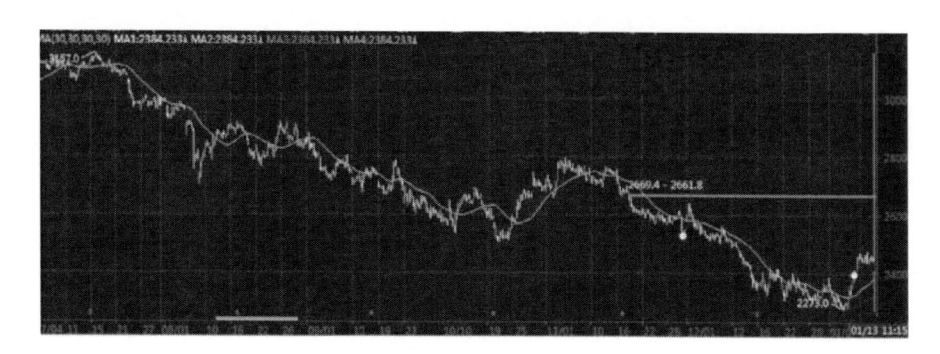

圖 4-124　第 9 筆交易

(10) 第 10 筆交易 100 點止損，賺 0，見圖 4-125。

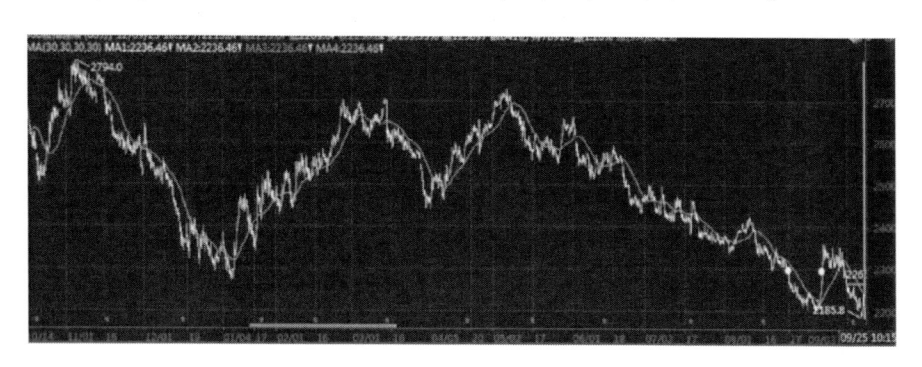

圖 4-125　第 10 筆交易

(11) 第 11 筆交易 60 點止損，虧 60 點，見圖 4-126。

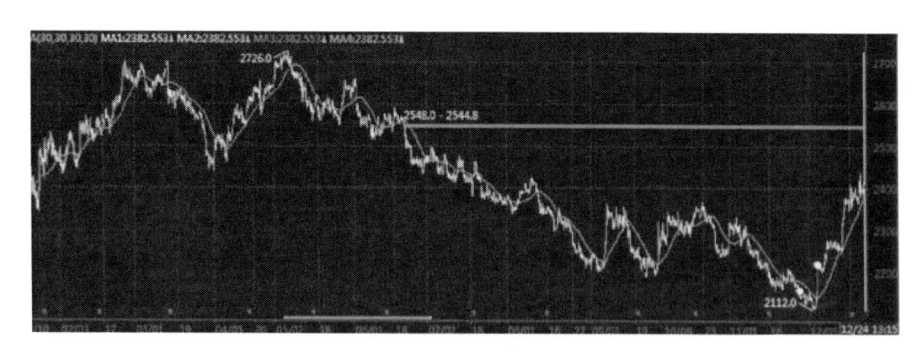

圖 4-126　第 11 筆交易

（12）第 12 筆交易 70 點止損，賺 200 點，見圖 4-127。

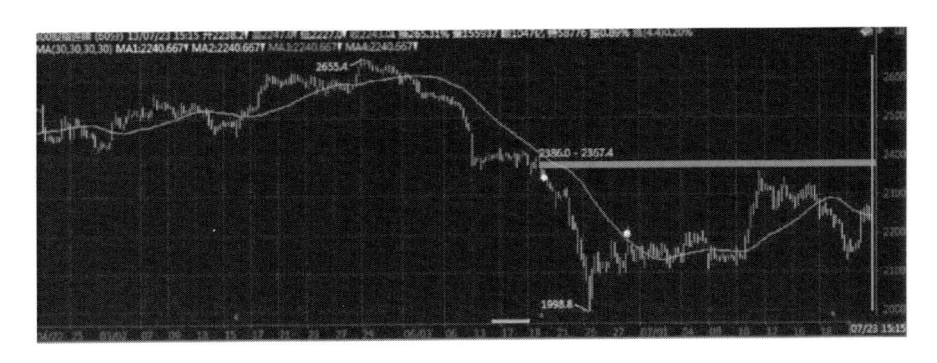

图 4-127　第 12 筆交易

（13）第 13 筆交易 100 點止損，賺 20 點，見圖 4-128。

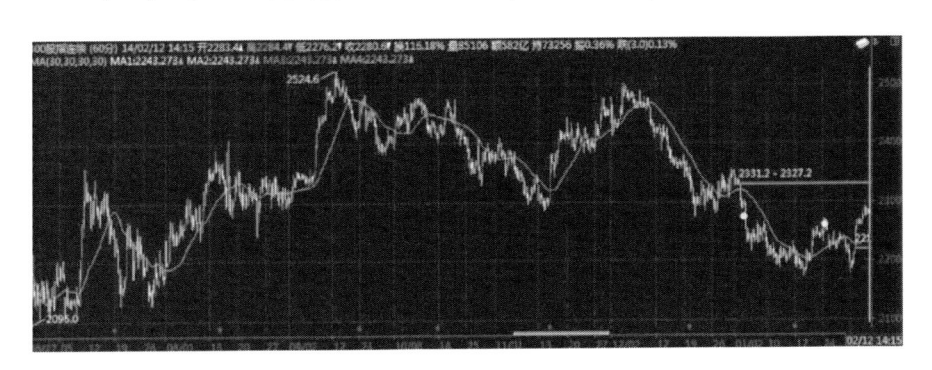

图 4-128　第 13 筆交易

（14）第 14 筆交易 80 點止損，虧 80 點，見圖 4-129。

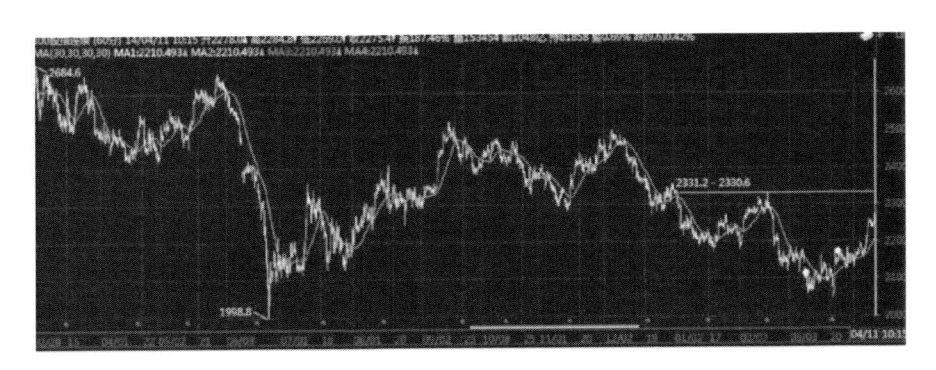

图 4-129　第 14 筆交易

第四章　最優交易週期的選擇 | 169

（15）第 15 筆交易 100 點止損，賺 700 點，見圖 4-130。

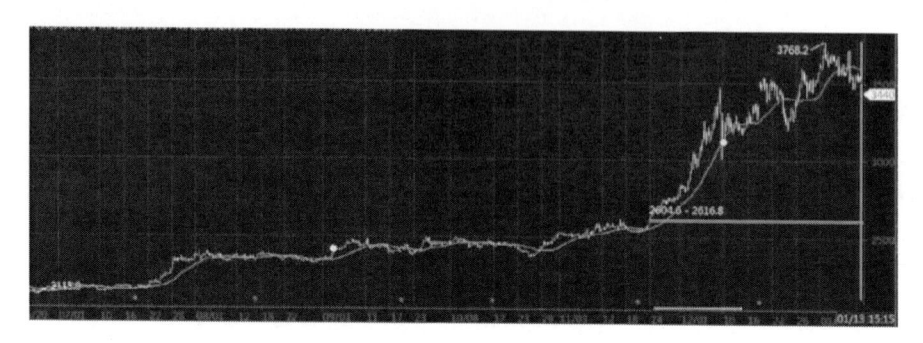

圖 4-130　第 15 筆交易

（16）第 16 筆交易 120 點止損，虧 120 點，見圖 4-131。

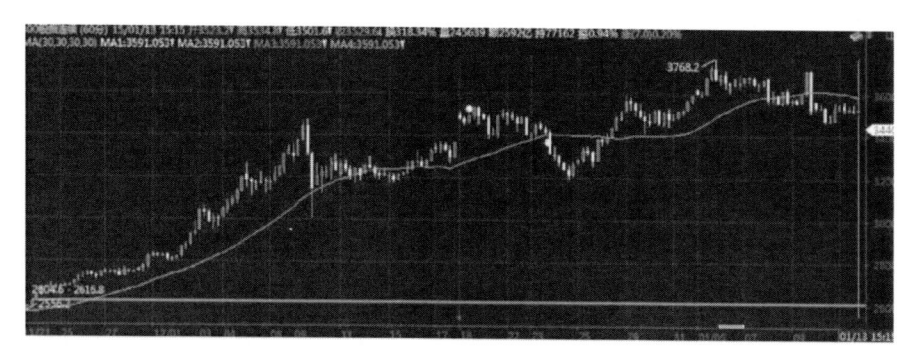

圖 4-131　第 16 筆交易

（17）第 17 筆交易 200 點止損，虧 200 點，見圖 4-132。

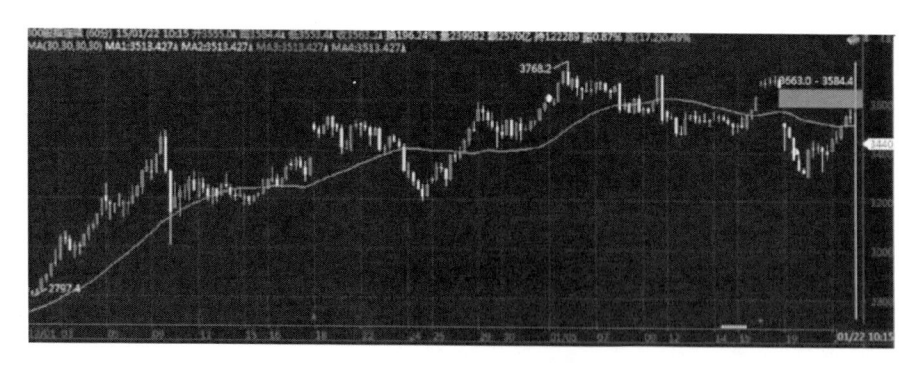

圖 4-132　第 17 筆交易

（18）18筆交易170點止損，賺800點，見圖4-133。

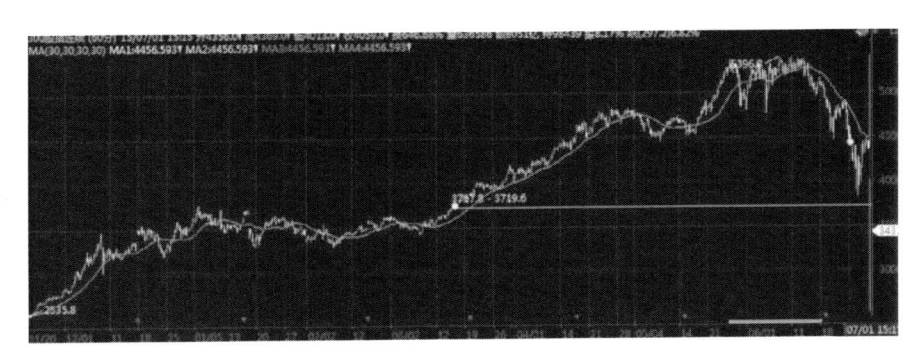

圖4-133　第18筆交易

（19）第19筆交易300點止損，賺250點，見圖4-134。

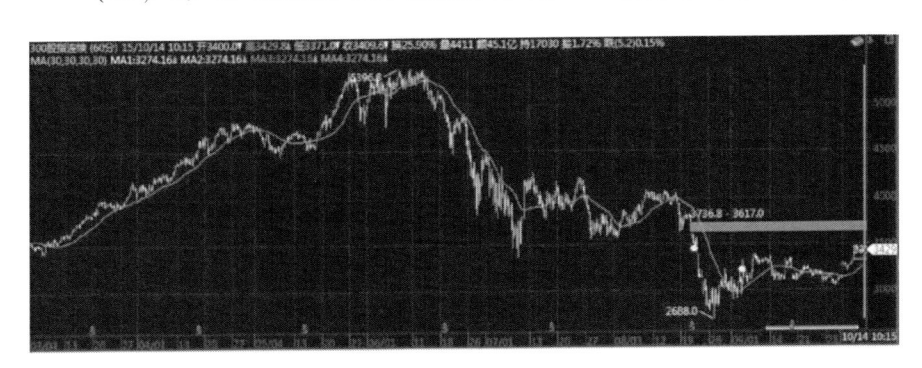

圖4-134　第19筆交易

（四）三個交易週期的統計表

為了避免股指高位區的輸贏對總體輸贏過大的影響，特別對數據進行相對化處理，相對盈虧是按照每次開倉止損為總資金的1%計算的相對輸贏百分比，下面是統計表。

1. 3分鐘K線（見表4-1）

表4-1　　　　　　　3分鐘交易統計表

交易次數	止損	盈虧點數		盈虧相對數（%）	
		對	錯	對	錯
1	30	200		6.7	

第四章　最優交易週期的選擇　171

表4-1(續1)

交易次數	止損	盈虧點數 對	盈虧點數 錯	盈虧相對數（%） 對	盈虧相對數（%） 錯
2	100	110		1.1	
3	60	160		2.7	
4	70	0		0.0	
5	120		−40		−0.3
6	50	100		2.0	
7	50	40		0.8	
8	30	15		0.5	
9	50	420		8.4	
10	50		−50		−1.0
11	100		−100		−1.0
12	50	0		0.0	
13	40		−40		−1.0
14	30	50		1.7	
15	50		−50		−1.0
16	25	20		0.8	
17	50		−50		−1.0
18	50		−50		−1.0
19	40		−40		−1.0
20	40		−40		−1.0
21	40	75		1.9	
22	50	0		0.0	
23	50	140		2.8	
24	50		−50		−1.0
25	70	100		1.4	

表4-1(續2)

交易次數	止損	盈虧點數 對	盈虧點數 錯	盈虧相對數（%）對	盈虧相對數（%）錯
26	60		−60		−1.0
27	30		−30		−1.0
28	40		−40		−1.0
29	50		−50		−1.0
30	50		−50		−1.0
31	30	40		1.3	
32	30	80		2.7	
33	30	30		1.0	
34	60	0		0.0	
35	20	24		1.2	
36	30		−30		−1.0
37	25		−25		−1.0
38	20	0		0.0	
39	20	17		0.9	
40	30	6		0.2	
41	15		0		0.0
42	15		−15		−1.0
43	30	500		16.7	
44	50		−50		−1.0
45	60		−60		−1.0
46	30		−30		−1.0
47	30		−4		−0.1
48	60		0		0.0
49	40		−40		−1.0

第四章 最優交易週期的選擇

表4-1(續3)

交易次數	止損	盈虧點數 對	盈虧點數 錯	盈虧相對數（%） 對	盈虧相對數（%） 錯
50	60	265		4.4	
51	40	30		0.8	
52	30		−30		−1.0
53	40		−40		−1.0
54	30	4		0.1	
55	30	25		0.8	
56	20	20		1.0	
57	40	10		0.3	
58	60	20		0.3	
59	40		−40		−1.0
60	30	20		0.7	
61	25	5		0.2	
62	20		−20		−1.0
63	50	630		12.6	
64	50		−50		−1.0
65	100		−100		−1.0
66	100	500		5.0	
67	70		−70		−1.0
68	100	400		4.0	
69	100		−100		−1.0
70	200		−200		−1.0
71	200	200		1.0	
72	250	550		2.2	

2. 15分鐘K線（見表4-2）

表4-2　　　　　　　　15分鐘交易統計表

交易次數	止損	盈虧點數 對	盈虧點數 錯	盈虧相對數（%）對	盈虧相對數（%）錯
1	110	300		2.7	
2	100	85		0.8	
3	50	145		3	
4	40	20		0.5	
5	50	305		6	
6	50		−50		−1
7	100	100		1	
8	100		−100		−1
9	40	0			
10	50		−50		−1
11	50	50		1	
12	20	20		1	
13	20		−20		−1
14	50		−50		−1
15	30		−30		−1
16	50		−50		−1
17	50	50		1	
18	40		−40		−1
19	40		−40		−1
20	20	20		1	

表4-2(續1)

交易次數	止損	盈虧點數 對	盈虧點數 錯	盈虧相對數（%）對	盈虧相對數（%）錯
21	20		−10		−0.2
22	40	125		3	
23	50		−50		−1
24	50		−50		−1
25	50	100		2	
26	50		−50		−1
27	30		−30		−1
28	20	40		2	
29	50	220		4.4	
30	50	170		3.4	
31	40	65		1.5	
32	50	160		3	
33	50	80		1.6	
34	25	50		2	
35	50	740		15	
36	80		−80		−1
37	50		−50		−1
38	100	930		9.3	
39	100	375		3.7	
40	200		−200		−1
41	270		−270		−1
42	100	0		0	

3. 60 分鐘 K 線（見表 4-3）

表 4-3　　　　　　　60 分鐘交易統計表

交易次數	止損	盈虧點數		盈虧相對數（%）	
		對	錯	對	錯
1	50	230		4.6	
2	80	80		1.0	
3	40	40		1.0	
4	50	400		8.0	
5	50		0		0.0
6	60		−60		−1.0
7	80		−80		−1.0
8	120	180		1.5	
9	100	100		1.0	
10	100		0		0.0
11	60		−60		−1.0
12	70	200		2.9	
13	100	20		0.2	
14	80		−80		−1.0
15	100	700		7.0	
16	120		−120		−1.0
17	200		−200		−1.0
18	170	800		4.7	
19	300	250			

五、綜合比較分析

（一）最優單週期的確定

1. 基礎分析數據表（見表4-4）

表4-4　　　　　　　　基礎分析數據表

	交易次數	正確率（%）	盈虧比	平均止損	淨盈利點數	相對盈利點數（%）	最大回撤點位	最大回撤相對數（%）
3分鐘	72	45.80	2.75	54	3,018	54.6	350	5.4
15分鐘	42	53.48	3.75	64	3,384	53.4	470	5
60分鐘	19	57.89	4.83	102	2,362	26.7	320	2

從表4-1可以分析出如下結論：

（1）交易週期越大，正確率越高

這是因為交易週期越大就越容易將一些不好的突破過濾掉，特別是一些盤整區域的突破。

（2）交易週期越大，盈虧比越高

原因與第（1）條相同。

（3）平均止損越大

這是顯然的結論。

（4）淨盈利點數是15分鐘最好，3分鐘次之，60分鐘最差

淨盈利點數是扣除每次交易2個點的滑點和手續費後的收益，15分鐘共賺3,384點。

3分鐘賺3,018點，60分鐘賺2,362點。3分鐘的交易正確率不如15分鐘，但交易次數幾乎是15分鐘的2倍，但總體效果略差於15分鐘，60分鐘的正確率和盈虧比是最高的，但由於交易次數太少，相對於15分鐘而言放棄了一些較大的V型反轉，所以總體盈利情況反而是最差的。

（5）從最大回撤來看

從絕對點位最大回撤來看，最大回撤出現在股指的高位區，那裡的一個止損位可以達到200點一次，可以相當於低位的7次止損。為了還原真實情況，更科學的是使用相對數最大回撤來比較，相對數最大回撤是假定每次下註的止損為總資金的1%，這樣60分鐘的最大回撤為2%，15分鐘為5%，3分鐘為5.4%，15分鐘比3分鐘的風險更小一些，60分鐘的風險最小。

（6）綜合來看

從風險和收益的對比情況來看，15分鐘和60分鐘的綜合效果最好，如果60分鐘的倉位使用是15分鐘的兩倍，其風險相當，盈利也相當。但60分鐘的問題是平均止損100點，如果最大回撤10倍單次止損，就要準備最大30萬的虧損，如果要想將總資金回撤控制在10%，就只能用300萬資金做一手，但15分鐘的就只需要一半的資金。

2. 扣除第一個突破交易好背景的數據表

之所以要扣除第一個突破交易的好背景是因為從2010年4月16日至2010年10月29日的半年時間是一個標準的V行反轉，趨勢特徵較強，趨勢突破系統表現較好。如果突破交易剛開始沒有從這裡開始而是從2010年11月開始，會有什麼樣的表現，這三個週期有什麼不同的表現。具體見圖4-135和表4-5。

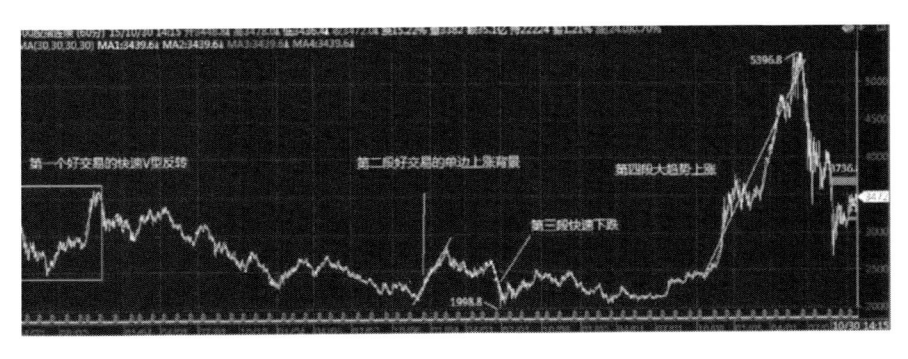

圖4-135　交易背景分析圖

表 4-5　扣除第一個好交易背景后的三週期交易數據表

	交易次數	正確率（%）	盈虧比	平均止損	淨盈利點數	相對盈利點數(%)	最大回撤點位	最大回撤相對數(%)
3 分鐘	69	41.26	2.3	53	2,157	35.7	350	5.4
15 分鐘	42	47.36	3.11	62	2,575	42.1	470	5
60 分鐘	15	46.67	3.01	114	1,650	12.1	320	2

結論和第一點的分析差不多，15 分鐘表現最優，優於 60 分鐘。

3. 扣除第四段突破交易的好背景的數據表（見表 4-6）

表 4-6　扣除第四段突破交易的好背景的三週期交易數據表

	交易次數	正確率（%）	盈虧比	平均止損	淨盈利點數	相對盈利點數(%)	最大回撤點位	最大回撤相對數(%)
3 分鐘	62	45.16	2.24	43	1,402	37.7	350	5.4
15 分鐘	37	54.05	3.79	49	2,095	40.7	180	5
60 分鐘	11	57.14	4.5	74	970	16.2	140	2

結論仍然是 15 分鐘最好。

4. 同時扣除第一段和第四段的好背景的數據表

大約在 2010 年 10 月至 2014 年 10 月四年的時間前後都是震盪盤整，只有中間 2012 年 12 月和 2013 年 6 月的兩段好背景的情況。具體見表 4-7。

表 4-7　同時扣除第一段和第四段的好背景三週期的交易數據表

	交易次數	正確率（%）	盈虧比	平均止損	淨盈利點數	相對盈利點數(%)	最大回撤點位	最大回撤相對數(%)
3 分鐘	53	39.60	1.36	54	397	15.9	300	5.4
15 分鐘	32	46.88	2.65	63	1,240	27.7	470	5
60 分鐘	10	40.00	1.78	102	220	1.6	320	2

在最嚴格的背景下 15 分鐘的交易優勢越發突出。綜合各種交易背景，15 分鐘是最優的交易週期。

(二) 多週期並用和單週期比較

(1) 使用上面 3 分鐘、15 分鐘、60 分鐘的突破交易記錄，統計三個週期每次下註為總資金的 3% 的情況下的各自月度累計收益表，然後和 3 分鐘、15 分鐘、60 分鐘每個週期各下 1% 的組合月度累積收益表對比研究，得到表 4-8 的數據。

表 4-8　　　　單週期和多週期的統計表

年月	3 分鐘月累計收益率(%)	15 分鐘月累計收益率(%)	60 分鐘月累計收益率(%)	多週期組合收益率(%)
2010 年 4 月	0.42	3.78	22.65	8.95
2010 年 5 月	14.64	20.55	30.30	21.83
2010 年 6 月	18.80	28.05	36.48	27.78
2010 年 7 月	22.67	29.25	40.32	30.75
2010 年 8 月	20.64	30.75	40.20	30.53
2010 年 9 月	20.64	30.75	40.20	30.53
2010 年 10 月	44.64	49.05	65.40	53.03
2010 年 11 月	44.64	46.05	59.40	50.03
2010 年 12 月	44.64	43.05	56.40	48.03
2011 年 1 月	44.64	46.05	61.40	50.70
2011 年 2 月	44.64	46.05	61.40	50.70
2011 年 3 月	44.64	49.05	63.80	52.50
2011 年 4 月	44.64	43.05	57.80	48.50
2011 年 5 月	44.64	40.05	58.10	47.60
2011 年 6 月	38.64	33.00	55.93	42.52
2011 年 7 月	38.64	35.55	57.43	43.87
2011 年 8 月	39.24	44.93	65.83	50.00

表4-8(續1)

年月	3分鐘月累計收益率(%)	15分鐘月累計收益率(%)	60分鐘月累計收益率(%)	多週期組合收益率(%)
2011年9月	46.12	41.93	62.83	50.29
2011年10月	43.14	41.93	62.83	49.30
2011年11月	42.78	41.93	62.83	49.18
2011年12月	47.91	44.93	61.11	51.32
2012年1月	46.14	44.93	58.11	49.73
2012年2月	46.14	44.93	56.11	49.06
2012年3月	46.14	44.93	66.61	52.56
2012年4月	46.14	44.93	64.11	51.73
2012年5月	46.14	44.93	67.11	52.73
2012年6月	46.14	43.49	70.71	53.45
2012年7月	46.14	38.93	67.71	50.93
2012年8月	48.51	38.93	67.71	51.72
2012年9月	46.14	38.93	69.51	51.53
2012年10月	46.14	38.93	64.71	49.93
2012年11月	47.24	47.18	67.06	53.83
2012年12月	43.14	60.29	95.26	66.23
2013年1月	43.14	65.99	111.36	73.50
2013年2月	43.14	68.33	111.26	74.24
2013年3月	43.14	68.33	108.26	73.24
2013年4月	43.14	68.33	107.86	73.11
2013年5月	43.14	68.33	107.86	73.11
2013年6月	51.71	82.80	118.11	84.21
2013年7月	51.71	82.80	120.36	84.96
2013年8月	51.71	82.80	117.36	83.96
2013年9月	51.71	87.60	114.36	84.56

表4-8(續2)

年月	3分鐘月累計收益率(%)	15分鐘月累計收益率(%)	60分鐘月累計收益率(%)	多週期組合收益率(%)
2013年10月	51.71	87.60	114.36	84.56
2013年11月	51.71	87.60	114.76	84.69
2013年12月	51.71	87.60	114.76	84.69
2014年1月	53.99	87.60	117.26	86.28
2014年2月	52.31	87.60	121.01	86.97
2014年3月	52.31	87.60	122.01	87.31
2014年4月	52.31	87.60	121.01	86.97
2014年5月	51.41	87.60	121.61	86.87
2014年6月	49.31	87.60	118.61	85.17
2014年7月	49.31	87.60	118.61	85.17
2014年8月	49.31	87.60	117.23	84.71
2014年9月	50.90	93.60	123.35	89.28
2014年10月	53.00	93.60	127.55	91.38
2014年11月	62.09	109.80	145.73	105.87
2014年12月	67.31	135.00	153.41	118.57
2015年1月	64.31	132.00	150.41	115.57
2015年2月	64.31	132.00	150.41	115.57
2015年3月	68.79	139.92	151.46	120.06
2015年4月	81.13	161.88	173.42	138.81
2015年5月	82.29	171.15	174.41	142.62
2015年6月	78.43	168.15	168.41	138.33
2015年7月	78.43	165.15	171.41	138.33
2015年8月	83.67	175.15	178.01	145.61
2015年9月	80.93	175.15	178.01	144.70
2015年10月	80.93	175.15	178.01	144.70

下面是依據統計表所做的月度收益率曲線圖,見圖4-136。

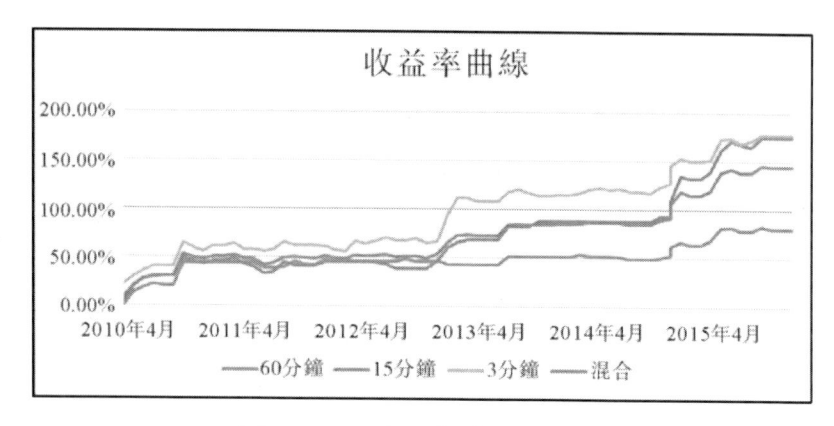

圖4-136　多週期收益曲線圖

註:從右側看,從上到下依次為3分鐘線、15分鐘線、混合線及60分鐘線。

(2)比較分析。

前面分析單週期中15分鐘K線週期最好,所以在多週期組合與單週期的比較中,著重分析這兩條線就夠了。仔細觀察這兩條線,雖然15分鐘線的總收益高於多週期組合,但在五次回撤中有三次多週期回撤明顯小於15分鐘,有兩次二者差不多。所以綜合來分析,多週期組合優於單週期。

參考文獻

［1］羅戚.全天候股指期貨技術交易模型及優化研究［M］.成都：西南財經大學出版社，2014.

［2］羅忠洲.高頻交易及其在中國市場中的應用研究［R］.第23期上證聯合研究計劃報告，2012.

國家圖書館出版品預行編目(CIP)資料

期貨交易中止損止盈設置和最優交易週期的確定 / 羅威、尹麗 著.
-- 第一版.-- 臺北市：崧崧博出版：崧樺文化發行, 2018.09
　面； 　公分

ISBN 978-957-735-501-0(平裝)

1.期貨交易 2.期貨操作 3.投資技術

563.534　　　　107015388

書　名：期貨交易中止損止盈設置和最優交易週期的確定
作　者：羅威、尹麗 著
發行人：黃振庭
出版者：崧博出版事業有限公司
發行者：崧燁文化事業有限公司
E-mail：sonbookservice@gmail.com
粉絲頁　　　　　　　網　址：
地　址：台北市中正區重慶南路一段六十一號八樓 815 室
8F.-815, No.61, Sec. 1, Chongqing S. Rd., Zhongzheng Dist., Taipei City 100, Taiwan (R.O.C.)
電　話：(02)2370-3310 傳　真：(02) 2370-3210
總經銷：紅螞蟻圖書有限公司
地　址：台北市內湖區舊宗路二段 121 巷 19 號
電　話：02-2795-3656　　傳真:02-2795-4100　　網址：
印　刷：京峯彩色印刷有限公司（京峰數位）

　本書版權為西南財經大學出版社所有授權崧博出版事業有限公司獨家發行
　電子書繁體字版。若有其他相關權利及授權需求請與本公司聯繫。

定價：350 元
發行日期：2018 年 9 月第一版
◎ 本書以POD印製發行